AF612198

QUIEBRE HISTÓRICO
Un compromiso social con La Guajira

Miguel Murgas Núñez

EDIQUID

QUIEBRE HISTÓRICO
Un compromiso social con La Guajira

Editado por: Corporación Ígneo, S.A.C.
para su sello editorial Ediquid
Av. Arequipa 185 1380, Urb. Santa Beatriz. Lima, Perú
Primera edición, septiembre, 2021

ISBN: 978-612-5042-22-4
Impresión bajo demanda

Hecho el Depósito Legal en la Biblioteca Nacional del Perú N° 2021-09883
Se terminó de imprimir en septiembre de 2021 en:
ALEPH IMPRESIONES SRL
Jr. Risso Nro. 580 Lince, Lima

www.grupoigneo.com
Correo electrónico: contacto@grupoigneo.com
Facebook: Grupo Ígneo | Twitter: @editorialigneo | Instagram: @grupoigneo

Diseño de portada: Oriana Vargas
Corrección: Ninoska Adames
Diagramación: Dianora Gómez

Colección: Pensamiento

ÍNDICE

INTRODUCCIÓN

El análisis de la evolución socioeconómica del departamento de La Guajira, muestra un bajo nivel de desarrollo, originado, este, en gran parte, por las condiciones diferenciales de su cultura y por las particularidades de su territorio, especialmente el territorio habitado por la etnia wayuu, como también la falta de una política pública diferencial que interprete la realidad de su entorno, la deficiente capacidad básica institucional y la baja capacidad cuantitativa de interlocución política, factores que han limitado la capacidad de gestión para resolver los problemas fundamentales e impulsar el desarrollo económico y social de esta región del país.

Es importante destacar que con el poblamiento occidental iniciado por españoles, judíos conversos de la baja Andalucía, pescadores y mercaderes de perlas que, a su vez, trajeron indígenas del Caribe y, posteriormente, esclavos africanos, población que se extendió con el tiempo con el mulataje, el zambaje y el mestizaje, se indujo una cultura de la informalidad, sobreponiendo el beneficio personal por encima del beneficio colectivo, inclusive, pasando por encima de la ley, lo cual se fue consolidando a través de los diferentes periodos en el devenir histórico de la península, acentuando el deterioro económico y social con la llegada de la bonanza marimbera a partir de los años setenta.

A partir de la década de los ochenta, se vislumbra un nuevo escenario en La Guajira con la explotación minera, lo cual genera una fuente de ingresos a través de las regalías; sin embargo, después de cuarenta años de la explotación minera no se ha generado un impacto significativo desde el punto de vista del mejoramiento del nivel de vida de la población, con excepción del incremento de la participación del personal guajiro en el área operativa (operadores y técnicos de mantenimientos, oficinistas y algunos mandos medio), manteniéndose aún sin resolver los problemas fundamentales que aquejan a la sociedad guajira, especialmente a la etnia wayuu. Acentuados, también, estos problemas por el pasivo acumulado, por la deuda histórica originada por el abandono del Estado a este territorio.

Desde la colonia hasta hoy, la situación de abandono de esta región, especialmente de la Alta Guajira, ha generado condiciones propicias para que actores externos no formales se hayan tomado el territorio como escenario operativo de sus actividades, lo cual ha contribuido a generar situación de inseguridad, factor este que afianza la situación de abandono y limita el desarrollo, especialmente en el territorio de la Alta Guajira.

Si con las estrategias hasta hoy desarrolladas no se han obtenidos resultados, se hace necesario plantear nuevas estrategias que le permitan a La Guajira encontrar una ruta que la conduzca a superar el retraso histórico y a recuperar la deuda social del Estado con la sociedad guajira. Ante esta circunstancia nos atrevemos a proponer, a través de estas líneas, una forma diferente de enfrentar el reto para la transformación de La Guajira, lo cual lo hemos denominado: *Quiebre histórico. Un compromiso social con La Guajira.*

El quiebre histórico, estrategia centrada en el pluralismo democrático, modelo socioeconómico incluyente, basado en una democracia participativa y pluralista, soportado en un Estado facilitador, con unas instituciones que interpreten su responsabilidad social, en el cual el Estado actúe como regulador hasta donde sea necesario y benefactor hasta donde sea posible.

Para implementar este modelo, se hace necesario diseñar organizaciones eficaces, con capacidades básicas para construir, al interior de las mismas, una cultura organizacional basada en el liderazgo, en principios, en valores, en compromisos y en resultados, productos del trabajo individual y colectivo, encaminado este esfuerzo a conseguir la contribución de sus actores, aprovechando las fortalezas de cada persona, la sinergia entre ellas (equipos de trabajo) y de la misma organización para transformar la realidad del entorno en el marco de una economía globalizada y competitiva.

Peter Drucker, el más importante pensador y escritor en los diferentes aspectos de la administración empresarial en el siglo XX, autor de muchos libros, en los cuales, con visión futurista, plantea los cambios que inciden en la política, en los negocios, en la evolución y en la transformación de la sociedad, nos regala importantes apreciaciones sobre la eficacia y cómo esta es una cualidad que puede ser aprendida por el ejecutivo moderno quien, en su labor de planeación y desarrollo empresarial, tiene la oportunidad de proponer y ejecutar estrategias que conlleven a obtener resultados de calidad y al incremento de la productividad.

CAPÍTULO I

LA GUAJIRA

La Guajira: cuenta con una extensión territorial de 20 848 km^2 y 400 km de litoral caribeño. Está integrada por quince municipios: Albania, Barrancas, Dibulla, Distracción, El Molino, Fonseca, Hatonuevo, La Jagua del Pilar, Maicao, Manaure, San Juan del Cesar, Uribia, Urumita, Villanueva y su capital Riohacha. Un 50 % del área rural del departamento está conformada por resguardos indígenas wayuu, en el centro y norte de La Guajira y resguardos kogui y arahuacos, provenientes de la raza tayrona, ubicados en la Sierra Nevada.

Los municipios del departamento se agrupan en tres regiones: la Alta Guajira, la Media Guajira y la Baja Guajira; cada una presenta diferentes características geográficas e hidrográficas, permitiendo así una gran variedad de recursos naturales, lo que genera diferentes actividades económicas en cada región.

Baja Guajira: la Baja Guajira se encuentra delimitada desde el río Ranchería, hasta el suroccidente de la península y comprende los municipios de La Jagua del Pilar, Urumita, El Molino, Villanueva, San Juan del Cesar, Distracción, Fonseca, Barrancas y Dibulla; conforman la parte más fértil del departamento, gracias a su ubicación geográfica: por un lado, los Montes de Oca (ramificación de la cordillera Oriental); por el otro, las estribaciones de la Sierra Nevada y el paso de los ríos Ancho, Cañas, Cesar y

Jerez. Esta región posee distintas alturas, lo que hace que existan diferentes climas y, por lo tanto, variedad de productos agrícolas; las lluvias son frecuentes y generan abundante pasto y facilidades para la ganadería.

Media Guajira: la Media Guajira se encuentra conformada por los municipios de Riohacha, Manaure, Maicao, Albania y Hatonuevo. Esta región se caracteriza por ser en su mayoría plana, de tipo semidesértico, con ausencia de vegetación en muchas áreas, debido a las pocas lluvias y a los fuertes vientos, por esta área corre únicamente el río Ranchería.

Corrientes migratorias: hacia fines del siglo XIX, llegaron a esta región, a la ciudad de Maicao, los árabes llamados, erróneamente, «turcos», porque entraron con documentos del Imperio otomano que entonces ocupaban el Medio Oriente, procedentes de Siria, Líbano, Palestina, Jordania y se integraron a la sociedad colombiana, sentando huella cultural de su presencia con elementos como expresiones, alimentos, arquitectura, comercio, religión, etc.

Alta Guajira: el extremo norte de la península, conocido como la Alta Guajira, se encuentra conformado por el municipio de Uribia uno de los más extensos de Colombia. Allí encontramos poblaciones como Portete, Bahía Honda, Cabo de la Vela, Puerto Estrella, Puerto López, Nazaret, Castillete. Esta parte de La Guajira es conocida como territorio wayuu por la presencia de la raza indígena.

El territorio wayuu es un territorio con grandes contrastes en su ecosistema, muy rico en recursos naturales y habitado por la etnia wayuu. Ellos confieren identidad al departamento, su denominación proviene del vocablo caribe «waira» que se traduce como amigo, hermano, sobrino por línea materna. En el departamento de La Guajira, el wayuunaiki, su lengua, tiene bastante relevancia y es parte de la vida cotidiana de sus habitantes.

EVOLUCIÓN HISTÓRICA

Periodo prehispánico: en este periodo, en la península de La Guajira, conviven diferentes etnias: indígenas, criollos y afrodescendientes; la indígena, de origen prehispánico, pertenece, en su mayoría, a la etnia wayuu, la más numerosa del país, reconocida por ser la única de las tribus en Colombia que los españoles fracasaron en su intento de conquista.

A la llegada de los españoles, la península de La Guajira estaba habitada por diversas tribus, se encontraban, entre otros: cocinas, onotos, macuiras, eneales, anates, coanaos, guanebucanes y cariachiles, cuya economía se sustentaba en la pesca, en la caza, en la agricultura, en el comercio y en la recolección de frutos, y en la Sierra Nevada estaban los tayronas, que se dedicaban a la agricultura, a la recolección de frutos y a la caza.

Hoy, en la península, solo están los wayuu, descendientes de fusiones de las antiguas tribus prehispánicas, hablan en wayuunaiki, se dedican al pastoreo, a la pesca, a la agricultura de subsistencia y al comercio, habitan en comunidades llamadas rancherías, de las cuales existen unas quinientas distribuidas en ocho municipios del departamento.

Poblamiento territorial: el poblamiento de la inmigración occidental lo iniciaron españoles, judíos conversos de la baja Andalucía, pescadores y mercaderes de perlas que, a su vez, trajeron indígenas del Caribe y, posteriormente, esclavos africanos. La población se extendió con el tiempo con el mulataje, el zambaje y el mestizaje. Nuevos europeos llegaron para el siglo XIX, franceses, italianos, alemanes, neerlandeses y judíos sefarditas.

A partir del siglo XX llegaron inmigrantes del Caribe y árabes. A mediados de este mismo siglo, comenzarían las permanentes migraciones del interior del país y de la costa Caribe, originadas por las diferentes épocas de la violencia y del conflicto interno. Finalmente, nuevas oleadas de árabes, provenientes del Caribe, completarían la configuración actual del perfil demográfico de la población de esta región del país.

CONQUISTADORES ESPAÑOLES

Alonso de Ojeda: con la segunda llegada de Alonso de Ojeda (1502), La Guajira se convirtió en la primera entidad geopolítica creada por la Corona española en territorio continental americano, estableciéndose la Gobernación de Coquivacoa, la cual se fundó, el 3 de mayo de 1502, en la población de Santa Cruz, el primer asentamiento hispano en territorio guajiro y Sudamérica, en lo que hoy es Bahía Honda.

Los principales intereses de los conquistadores españoles por esta región fueron los bancos de perlas que se encontraban ubicados a lo largo de la costa de La Guajira, especialmente entre el Cabo de la Vela y Riohacha. La explotación perlera fue iniciada por las casas comerciales que estaban asentadas en Nueva Cádiz de Cubagua (Venezuela), cuyos propietarios eran españoles, quienes se convirtieron en la élite comercial de la península. A diferencia de los conquistadores de espada y arcabuz, buscadores de oro y cazafortunas, los perleros que, a su vez, eran banqueros, propietarios de barcos y grandes proveedores de insumos y mercancías para las Américas, llegaron acompañados de sus familias, conformaron organizadas empresas que incluían toda la cadena laboral y comercial, desde los negocios en Europa, hasta el suministro de esclavos buceadores para la extracción de perlas. El negocio perlero fue la base de la economía de los colonos hispánicos en La Guajira hasta el siglo XVIII, cuando tomó gran impulso el comercio de ganado y de maderas como el palo brazil o brasilete. Paralelamente, los indígenas habían creado sus propias redes comerciales, con holandeses, ingleses y franceses, declaradas ilícitas por el gobierno colonial. Los nativos intercambiaban perlas, palo brazil, sal y ganado, por armas y pólvora, las cuales utilizaban para hacer resistencia al invasor.

La Guajira fue la región en donde el español pisó por primera vez tierra firme en América, esta región no pudo ser sometida por los españoles por razones tales como las dificultades del desierto, el abastecimiento de agua para las tropas, las tácticas militares indígenas, especie de guerra de guerrillas, es decir, atacar y desplegarse, los bosques de trupillo en cientos de kilómetros, con decenas de senderos que confundían al foráneo y el sistema autónomo ancestral, que representaba la ausencia de un mando unificado o líder único en las tribus. En virtud de lo cual, la captura o eliminación de un jefe, no amedrentaba a los otros clanes o a las comunidades, incluso una negociación con unos, les era indiferente a los otros.

Entre los siglos XVI y XVIII, varios poblados fundados por los españoles fueron incendiados por los indígenas. Decenas de expediciones militares se formaron para someter a La Guajira y terminaron en total fracaso. El costo económico y de vidas de soldados y milicianos fue muy alto, las deserciones abundaban, las arcas públicas se agotaban y los territorios permanecían en manos aborígenes.

Riohacha, como sede del representante del Gobierno español en la región y base militar para la conquista del territorio, fue objetivo político bélico por parte de los indígenas en varias ocasiones. Adicionalmente, las potencias europeas enemigas del imperio español como Inglaterra, Francia y Holanda, significaron un verdadero dolor de cabeza para las colonias. Periódicamente atacaban ciudades y navíos; en estos últimos buscaban las remesas de oro y piedras preciosas con destino a España.

Riohacha fue saqueada e incendiada por piratas como Francis Drake, Henry Morgan, John Hawkins, James Cook, Pierre François, Edgar Colliers, quienes llegaron a este puerto atraídos por las noticias de las riquezas de perlas.

Para mediados del siglo XVIII, algunas tribus indígenas de la península habían desaparecido, exterminadas unas y otras fusionadas o absorbidas por las más fuertes, quedando dos grupos: los cocinas, en la serranía que lleva su nombre y los wayuu, en el resto de la península, pero las lenguas se habían unificado en una sola, wayuunaiki.

El 2 de mayo de 1769 comenzó la gran sublevación indígena, cuyo objetivo era hacer respetar sus territorios y su comercio. El gobierno monárquico organizó la más grande y costosa expedición militar para someter a los indígenas de La Guajira. Cinco años después, luego de sangrientos enfrentamientos y centenares de muertos en ambos mandos, el coronel Antonio Arévalo, encargado de la misión, regresa frustrado a Cartagena. La media y Alta Guajira continuaban en poder de los wayuu, consolidadas con la victoria de Apiesi (1776).

LA COLONIA

En el siglo XVI, ya creada la colonia, el territorio comienza a ser disputado por las gobernaciones de Santa Marta y Venezuela solo por una razón: la presencia de perlas preciosas, al final, la gobernación de Santa Marta logra sus pretensiones.

La perla fue el motivo central del poblamiento español en la península, y la razón para el surgimiento de villas y ciudades.

Explotación de la perla (1538-1545): pescadores y mercaderes de perlas, súbditos del imperio español, llegaron a La Guajira, provenientes de la isla Cubagua (Nueva Esparta, Venezuela), se establecieron en la zona del Cabo de la Vela entre 1538 y 1545, para luego trasladarse al lugar donde hoy se sitúa Riohacha, convirtiéndose en una élite especial. Las casas comerciales de perlas eran controladas por pocas familias con poder económico e influyente en el gobierno monárquico.

El comercio de esclavos: los perleros, poseedores de grandes capitales, adquirían esclavos, los cuales eran desembarcados en puertos clandestinos. Para llevar a cabo dicha actividad, se producía el soborno a funcionarios del Gobierno.

Riohacha, al igual que todo el territorio ultramarino español, conserva en su historia grandes escándalos de corrupción administrativa desde los primeros años de la conquista; tan común era la corrupción en la era colonial, que es difícil encontrar un gobierno sobre el que no pesaran acusaciones e investigaciones graves, que normalmente abarcaban todo el poder local y regional (alcalde, gobernador, tesorero, procurador, alguacil, etc.).

Mestizaje: en el siglo XIX y a mediados del siglo XX se da el cruce de blancos con indígenas, el cual se realizaba a través de indios del servicio y esclavos aborígenes provenientes de otros continentes. El mestizaje juega un papel importante, porque para el español era necesario tener aliados wayuus, a fin de facilitar su movilización con seguridad por el camino y utilizar los puertos diferentes a Riohacha para el contrabando.

Zambaje: durante los siglos XVI y XVII, el zambaje existió en los alrededores de los poblados especiales y en los palenques de los negros fugados, ubicados al occidente de Riohacha, especialmente en La Ramada, actual territorio de Dibulla.

En los actuales poblados de Camarones, Las Flores, La Punta de los Remedios y Dibulla, surgieron los primeros grupos de zambos. Los zambos aparecen en crónica y correspondencia oficial como miembros de grupos armados e, incluso, involucrados en el alzamiento wayuu. Las mejores tierras eran el campo de disputa interétnica y, a su vez, de mayor fusión racial.

Desde finales del siglo XVIII hasta mediados del siglo XX, la margen occidental de la zona baja del río Ranchería, se convirtió en la frontera natural entre las naciones criollas y wayuus, zona donde surgiría la más grande población de zambos de la península. El perfil cultural del zambo dependía exclusivamente del lugar de crianza del menor; si el zambo era criado por madre wayuu en su comunidad, este era wayuu; si se formaba en un poblado alijuna, con vida conyugal permanente, aunque fuera de madre wayuu, era alijuna.

La bonanza forestal (siglos XVII-XVIII): caracterizada por la explotación de maderas e importación de mercancías extranjeras, a través del comercio, con Inglaterra, Francia y Holanda que, a su vez, se utilizó para el desarrollo de contrabando y tráfico de armas con Venezuela y Las Antillas.

Legado cultural: la evolución histórica de La Guajira, donde confluyen diversas corrientes migratorias, español, indígenas, negros, con diferentes culturas y enfrentamientos por lograr someter a los nativos, generó una cultura que se centró en la posesión de poder, privilegiando los intereses personales y de grupos, lo cual se ve reflejado en el cacicazgo como legado cultural soportado en el contrabando como principal actividad.

El cacicazgo: personas que tradicionalmente han poseído poder económico y político y ostentan la condición de líderes en la comunidad wayuu. Los caciques criollos, a partir de la República, demarcaron zonas geográficas de dominio, lo cual fue un factor importante de negociación con los jefes políticos nacionales.

El cacique criollo tenía el recurso económico y su inventario electoral, lo cual le generaba condiciones de disponer de «cierto número de votos»; a cambio de ello, obtenía poder regional sobre empleo público y un número determinado de contratos, convirtiéndose en pequeño monopolio contractual y agente de intermediación para la consecución de empleos. La lucha interna conllevó a que cada cacique hiciera lo necesario por mantener el poder, y el contradictor hacía hasta lo imposible para lograrlo.

Es importante anotar que, en medio de su aislamiento, la sociedad colonial de Riohacha creció entre la flexibilidad y el dogmatismo, según los intereses de quienes detentaban el poder, era común por estas circunstancias particulares la violación a la ley. La sociedad y la flexibilidad a la ley han caminado juntos a través de la historia.

Riohacha, al igual que todo territorio de la colonia española, en su historia ha sido participe de escándalos de corrupción administrativa, desde los primeros años de la conquista.

El contrabando: el primer producto en explotar el español fue la perla, le siguió la trata de esclavos y luego cada uno de los productos que entraban y salían de la península: palo brazil, dividivi, cebo y carne.

La actividad económica en La Guajira se realizaba bajo ambas modalidades: la legal y la ilícita, mucho antes de ser fundada Maicao, desde la época colonial, ya los barcos de varias naciones visitaban los puertos naturales de Bahía Portete, Puerto López y Puerto Estrella.

A partir de 1936, cuando el gobierno de Alfonso López Pumarejo declaró la zona puerto libre, en esta región se incrementó, vertiginosamente, la actividad comercial y Maicao pasó a ser el principal y casi único destino de mercadería.

Independencia de la Nueva Granada: la aristocracia cartagenera conformada por la clase mercantil de La Heroica, estaba organizada con actividades, como universidad de mercaderes y compañía de mercaderes. Su lucha se centraba en el manifiesto de Cartagena (1812) y su negativa a pertenecer a una república cuyo gobierno central residía en Santafé de Bogotá. Los comerciantes de Riohacha, menos inclinados a la formalidad y más a su negocio, esperaban que la independencia significase el libre comercio, la eliminación de los altos impuestos y el fin de la vigilancia exhaustiva por parte de los agentes del Gobierno.

Las aspiraciones de Riohacha no dejaban de ser utópicas, era una ciudad pequeña y carecía de una fuerza política que pudiera defender sus intereses en Santafé de Bogotá.

Para la economía de Riohacha y sus provincias, el proceso de independencia significaría, en primera instancia, una crisis económica y el comercio disminuiría, pues los ejércitos españoles y republicanos saqueaban las arcas públicas, los negocios y las haciendas privadas; así la ciudad fue prácticamente destruida durante los combates de la Laguna Salada (1820).

La independencia de España llegó a La Guajira en 1820, gracias a la victoria de la batalla de la Laguna Salada, cuando la armada patriota tomó Riohacha y expulsó tanto a los militares como a los representantes regionales del gobierno monárquico. El comandante de las tropas y héroe de la jornada fue José Prudencio Padilla, nacido en un caserío de la zona rural de Riohacha, llamado Villa de Pedraza.

LA REPÚBLICA

Después de la independencia, el vacío monárquico lo ocupó rápidamente la emergente burguesía criolla, afanada en expandir mercados con potencias como Inglaterra. El poder en Santafé de Bogotá pasó al círculo aristocrático-intelectual, en las ciudades portuarias a la clase mercantil y en el interior del país a la gamonal y minera. Los poderes regionales de zonas aisladas se fortalecieron en un siglo de luchas violentas, donde esclavos, mestizos e indígenas fueron utilizados por los gamonales para crear ejércitos y obtener beneficios del nuevo Estado.

Con la constitución de la República se logra un importante desarrollo para la región, por la llegada de inmigrantes de Inglaterra, Francia, Holanda y, en especial, Curazao. Algunos de ellos crearon casas comerciales y dinamizaron negocios internacionales, mientras que los criollos dominaban el comercio y expandían la explotación de las tierras; sin embargo, La Guajira, aislada del resto del país, debió, por sí sola, tratar de buscar su propia solución de desarrollo económico y social; situación que ha generado una deuda social del Estado con este territorio.

En 1871, el territorio de La Guajira deja de ser parte del estado soberano del Magdalena, año cuando la nación le otorga su administración directa, recibiendo el nombre oficial en 1898, como territorio nacional de La Guajira.

En 1911 se creó la comisaría especial de La Guajira, con capital en San Antonio de Pancho, reemplazada por Uribia en 1935.

El 28 de diciembre de 1963, por el acto legislativo n.° 1, se creó el departamento de La Guajira y empezó a funcionar como tal el 1 de julio de 1965 (Ley 19 de 1964).

La bonanza marimbera: el periodo de los años setenta se caracterizó por la llegada a la región del cultivo y de la exportación de la marihuana, debido a las ventajas que presentaba La Guajira por sus condiciones naturales, por contar con tierras aptas y de difícil acceso, por el casi ningún desarrollo de infraestructura y condiciones de vida de las familias que habitaban el territorio escenario del cultivo; como también la logística de la exportación ilegal por su ubicación estratégica para los mercados de este negocio irregular, acompañado por el abandono del territorio en cuanto a políticas públicas y obras de desarrollo territorial y el poco control del país sobre el territorio, especialmente de la Alta Guajira.

Este periodo, inducido por agentes externos, se caracterizó por la inseguridad, las guerras intrafamiliares, el enriquecimiento fácil, la ostentación y el despilfarro y trajo como consecuencia una inversión de valores y se creó un referente equivocado de lo que es un «hombre importante», como el hombre que tiene el poder económico, sin importar el cómo lo haya obtenido y de aquel que se enriquece pasando, inclusive, por encima del Estado, de la ley y del bien común, trayendo como consecuencia el deterioro de la moralidad y de la cultura regional.

LEGADO HISTÓRICO

Periodos	**Colonia siglo XVI**	**Colonia siglos XVII-XVIII**	**Independencia siglo XIX**	**República siglo XX (décadas setenta-ochenta)**
Actividad económica	• Explotación de perlas. • Comercio de esclavos	• Bonanza forestal	• Comercio	• Comercio • Exportación de marihuana. • Gran minería de carbón, sal y gas natural
Legado	• Esclavitud • Contrabando	• Cacicazgo • Contrabando	• Contrabando	• Contrabando • Narcotráfico • Manejo ineficiente de regalías

La explotación minera: a partir de la década de los ochenta, La Guajira, a través de la explotación del gas y del carbón, comenzó a recibir recursos económicos por concepto de regalías, lo que generó expectativas en cuanto a oportunidades de desarrollo para este departamento.

Periodo 1980-2000: en este periodo se constituyen y fortalecen instituciones y organizaciones sociales con el propósito de contribuir a la transformación social y económica del departamento y se avanza en el nivel de interlocución con el país y la región Caribe, con el propósito de contribuir a promover el proceso de integración regional encaminado a impulsar el desarrollo y la consolidación de la región. Es así como se logra avanzar en los siguientes aspectos:

DESARROLLO INSTITUCIONAL

- Reestructuración y organización de la empresa Electrificadora de La Guajira (Electri-Guajira).
- Creación, desarrollo y consolidación de la regional del Servicio Nacional de Aprendizaje (SENA).
- Estructuración, desarrollo y consolidación del Programa de Formación de Técnicos y Operadores de Equipo Minero para la Explotación del Carbón.
- Diseño y desarrollo del primer Centro Experimental de Energía Eólica en La Guajira, ubicado en el Centro de Formación Industrial del Sena Riohacha, en convenio con la Facultad de Ingeniería Mecánica de la Universidad Nacional.
- Diseño y construcción del prototipo Promix 3 para la generación de energía y producción de agua, construido en el mismo Centro Industrial del Sena Riohacha e instalado como proyecto piloto en el Centro Experimental.

- Creación, desarrollo y consolidación de la Corporación Autónoma Regional de La Guajira.
- Avances importantes en el fortalecimiento institucional y en el desarrollo de la Universidad de La Guajira.

INTERLOCUCIÓN REGIONAL Y NACIONAL

- Participación en foros de la costa para la creación y el desarrollo de la región Caribe.
- Participación en la creación y en el desarrollo del Corpes de la costa Caribe.

SECTOR PRIVADO

- Explotación de la mina del Cerrejón por parte de la empresa Intercor.
- Consolidación y desarrollo de la Cámara de Comercio a nivel departamental.

ORGANIZACIÓN SOCIAL

Constitución y fortalecimiento de:

- Corporación de Amigos de La Guajira.
- Asociación de Profesionales de La Guajira.
- Vanguardia Juvenil por la Paz Guajira.
- Organización wayuu Yanama.
- Asociación de mujeres de La Guajira

ORGANIZACIÓN GREMIAL

- Asociación de Ganaderos de La Guajira.
- Asociación de Comerciantes de Maicao.

- Asociación de Agricultores del Ranchería.

Si bien en este periodo La Guajira logró un avance institucional significativo y un mayor nivel de interlocución con la región Caribe y la nación, como también algún nivel de relacionamiento con las empresas líderes en el sector privado, este avance no ha sido suficiente para definir y emprender una ruta para la transformación económica y social del territorio guajiro, ya que aún sigue vigente en la cultura regional el caudillismo y el cacicazgo como expresiones políticas y sociales.

CAPÍTULO II

LA GUAJIRA, UNA REGIÓN RICA HABITADA POR GENTE POBRE

Ubicación estratégica: la ubicación del departamento hace que La Guajira sea una región privilegiada, ya que posee todos los pisos térmicos, desde los páramos de la Sierra Nevada, pasando por las tierras del sur del departamento, flanqueado por los Montes de Oca, de la cordillera Oriental hasta sus confines en la Alta Guajira, en donde el desierto termina en el oasis de Nazaret. Este departamento es el más septentrional de Colombia y Sudamérica, considerado por López de Mesa como la «esquina oceánica de América». Cuenta con importantes recursos naturales, tierras aptas para la agricultura y ganadería y su extensión costera, la cual ofrece un gran potencial para la explotación marina, el desarrollo y la explotación comercial de puertos de aguas profundas. Por otra parte, se caracteriza por la explotación de minerales como el carbón, la sal y el gas natural y las inmejorables condiciones para la generación de energía eólica y solar. Es importante destacar que el turismo es un renglón con una gran potencialidad en este departamento.

Sierra Nevada: macizo montañoso y litoral, ubicado al norte de Colombia, se eleva desde la costa del mar Caribe hasta alcanzar una altura de 5700 m s. n. m. Está habitada por los koguis y arahuacos, grupos indígenas pertenecientes al resguardo kogui-malayo-arahuaco, los cuales conservan su mitología y sus antiguas tradiciones. La Sierra Nevada es el sistema montañoso más alto del mundo en la zona tropical. En ella se encuentran todos los pisos térmicos, desde las playas cálidas del Caribe hasta los glaciares que existen en la cumbre. El territorio de la Sierra se encuentra repartido entre los departamentos de Magdalena, La Guajira y Cesar. Es importante destacar que la Unesco la declaró Reserva de la Biosfera en 1979.

Etnia tayrona (kogui, malayo, arahuaco): grupo indígena de filiación chibcha que aún sobrevive y habita los departamentos colombianos de Magdalena, La Guajira y el Cesar en las faldas de la Sierra Nevada, incluyendo las cuencas de los ríos Guachaca, Don Diego, Buritaca y la zona costera comprendida dentro del Parque Nacional Natural Tayrona. El censo DANE del año 2005 reporta una población de 9173[1] personas del pueblo kogui. Los departamentos donde se concentra el pueblo kogui, son La Guajira, con una participación del 44,14 %, Cesar 37,15 % y Magdalena 17,06 %, estos tres departamentos concentran el 98,35 % de esta población; hay que destacar que, de acuerdo con el censo, la mayor población kogui se encuentra ubicada en el departamento de La Guajira.

El pueblo arahuaco que habita la Sierra Nevada, de acuerdo con el censo del DANE del año 2005, arroja una población de 11 337 personas, distribuidas en los departamentos de La Guajira con 300 personas, Cesar con 9282 personas y Magdalena con 1755 personas.

Historia: en la época de la conquista, el encuentro cultural con conquistadores y colonizadores provenientes de España, produjo cambios culturales que se evidencian en la actuali-

---

1 Departamento Administrativo Nacional de Estadística (DANE)

dad. Sin embargo, los pueblos indígenas de la Sierra Nevada, especialmente los kogui, lograron un grado de autonomía que, a pesar de ciertos sometimientos religiosos y laborales, permitió una mayor conservación de sus tradiciones. El contacto con peninsulares criollos y mestizos generó cambios en el esquema social tradicional con la introducción de sistemas de gobiernos coloniales y pautas religiosas de orientación católica. Sin embargo, la permanencia en su Ley de Origen, los guio para retirarse y resguardarse en la parte alta de la Sierra, en lugares caracterizados por su difícil acceso, donde se reorganizaron con un fuerte sentimiento de identidad y autodeterminación.

Los indígenas koguis, se encuentran ubicados en los valles de los ríos Don Diego, Palomino, San Miguel y río Ancho y habitan en poblados bajo la autoridad de un «mamo», considerado este un sabio con poderes sobrenaturales, es la figura representativa en la vida social de estos pueblos y, recientemente, se ha introducido como figura dentro de los organismos representativos.

El origen de este pueblo y del resto de la humanidad para los koguis (kaggabba), procede de los «hermanitos mayores», por sus amplios conocimientos sobre el mundo; por lo que se consideran los padres del resto del mundo, al que consideran los «hermanitos menores». La Sierra, para esta cultura, es considerada un lugar sagrado, su estilo de vida se centra en la creencia en la madre Tierra. Entre sus tradiciones ancestrales se destaca la figura y actividad de los «mamos».

Lengua: la lengua materna es uno de los aspectos relevantes en la identidad del pueblo kogui (kaggabba), se denomina kawgian y pertenece al lenguaje chibcha, lengua que también es compartida por los demás pueblos de la sierra, a pesar de las diferencias que existen entre ellos.

Cultura: el pueblo kogui, evidencia un esquema social fundamentado en la Ley de Origen, que es la norma del comportamiento del hombre con el medio natural, concebida en la cosmología y en la mitología kaggabba.

El pueblo kaggabba ha estado estrechamente relacionado con el entorno natural serrano, el cual ha condicionado sus formas socio organizativas.

Los arahuacos se encuentran ubicados en los municipios de Santa Marta, Valledupar, Riohacha, San Juan del Cesar y en la zona occidental en los valles del río Tucurinca, y más hacia el sur, los valles del río Guatapurí, en los municipios de Aracataca y el Copey.

Los wiwas (malayos) se encuentran ubicados entre las cuencas del río Guachaca, frente norte de la Sierra Nevada, y río Frío.

Los territorios kaggabba de la Sierra Nevada son boscosos y tienen diferentes ecosistemas con diversos climas: cálido, templado y frío.

Economía: su actividad económica principal es la agricultura de subsistencia, la actividad de tejer es una ocupación generalizada y valorada por el pueblo kogui, las fibras que utilizan son naturales, las fibras del fique y el algodón son utilizadas para la producción de mochilas, vestidos y artesanías tradicionales; para teñir los productos se utilizan raíces y cortezas de árboles.

Poblamiento precolombino: en la época precolombina, el territorio de la Sierra que hoy hace parte del municipio de Dibulla, fue poblado por dos grupos pertenecientes a los tayronas, los gualamenas y los sangaramenas. Los primeros habitaron en el valle constituido por los ríos Palomino y Jerez y los segundos entre el río Jerez y el río Tapias. La actividad económica más importante para esa población fue la agricultura, adicionalmente se dedicaban a la pesca y al buceo de perlas, eran buenos marinos e intercambiaban sus productos con otros grupos vecinos.

En el periodo prehispánico se considera que fue muy importante la interrelación entre los poblados ubicados en los territorios donde hoy existen la ciudad de Santa Marta, Dibulla y Valledupar (triángulo prehispánico).

Municipio de Dibulla: se encuentra localizado en la zona noroccidental del departamento de La Guajira, entre la Sierra Nevada y el mar Caribe. La influencia de la Sierra Nevada, por su acervo cultural y por la variedad de sus pisos térmicos, hace muy importante que el municipio de Dibulla enfoque su desarrollo en una política pública de tipo diferencial, que le permita preservar el patrimonio cultural de su origen y potenciar sus sectores estratégicos para el desarrollo económico y social de la región. El territorio municipal posee condiciones básicas para el desarrollo de proyectos portuarios y logísticos, situación refrendada mediante la adopción de la modificación excepcional del Esquema de Ordenamiento Territorial (EOT), acuerdo municipal n.° 013 de 2011, ello en concordancia con las políticas nacionales de expansión portuaria contempladas en el Consejo Nacional de Política Económica y Social (Conpes).

Ecología y medio ambiente: el municipio de Dibulla es la mayor riqueza hídrica a nivel departamental, ya que por su territorio fluyen siete ríos, Palomino, San Salvador, río Ancho, Cañas, Maluisa, Jerez y Tapias.

Este municipio presenta dos conjuntos morfológicos principales: la llanura fluviomarina y el conjunto de cerros, colinas y montañas localizados en el entorno de la Sierra Nevada.

La línea costera del municipio tiene una longitud 45,7 km, y en ella se destacan accidentes geográficos, tales como la Punta de Enea, Boca de la Enea, Ciénaga Mamavita, Punta de Mamavita, Ensenada de los Cachacos, Boca de Hicacal, Boca de Dibulla, Punta el Sequión, Boca de Lagarto, Punta Pedregal, Playa de los Holandeses, Boca de río Ancho, Boca de Palomino, etc.

Como accidente costero se destaca la Sierra Nevada, la cual está declarada como área protegida, también como reserva forestal y reserva de la biosfera. En este territorio existe el valle de San Salvador y un área muy importante para la conservación de las aves; también se encuentra ubicado en el territorio de la Sierra Nevada el páramo seco más septentrional del mundo, en el cual se localiza el mayor número de endemismos de plantas fanerógamas de páramos, representados por cincuenta y siete especies, aproximadamente.

Este municipio alberga el mayor número de ecosistemas en el departamento de La Guajira, desde los páramos hasta el mar, favorecido por la existencia de todos los pisos térmicos.

En el año 2021, el área de nevado se está reduciendo producto del proceso de deterioro glaciar, debido al cambio climático, en el año 1850 asistían 184,71 ha y hoy solamente se cuentan con 23,57 ha.

Hidrología: la posición geográfica del municipio de Dibulla en las estribaciones de la Sierra Nevada le permite tener una gran riqueza en cuencas hidrográficas, representada por los ríos que bajan de la Sierra y corren por su territorio hacia el mar Caribe, donde estos desembocan.

Los principales usos y características de las fuentes hídricas son la utilización de agua para el consumo humano, lo mismo que para surtir sistemas de riego en la explotación agrícola y balnearios de las poblaciones en las áreas de su entorno.

Cuencas hidrográficas: tomado del Plan de Gestión Ambiental Regional (PGAR 2009-2019), Corporación Autónoma Regional de La Guajira (Corpoguajira, 1999).

Cuenca del río Tapias: el río nace en la cuchilla El Chorro (cerro El Mico), estribaciones de la Sierra Nevada, a una altura aproximada de 2800 m s. n. m. Tiene una longitud de 86 km y contribuye a su formación en el arroyo Mandinga y el río San Francisco. Su cuenca limita al norte con el río Camarones. De este río se derivan el acueducto del municipio de Riohacha y el canal Robles, situado en la parte baja del río.

Los procesos erosivos, aunque en la actualidad no son graves, podrían extenderse en poco tiempo, como consecuencia del uso equivocado de la tierra y de las prácticas culturales como son los cultivos en laderas con pendientes, las talas, las quemas, la cacería y la pesca indiscriminada, mediante estrategias y cebos venenosos sumados a la intervención progresiva de bosque primario, está poniendo en grave peligro la supervivencia de las especies (flora y fauna) y, en consecuencia, la vida humana.

Especies faunísticas como el venado, la guartinaja, el armadillo, el ñeque, el conejo y algunas aves y reptiles prácticamente han desaparecido de la cuenca por migración o muerte a consecuencia de la destrucción del hábitat. La cuenca ha tenido gran presión debido a que, en ella, con el transcurrir de los años, se han ido desarrollando proyectos productivos agrícolas de banano, palma africana y cacao, que requieren grandes cantidades de agua.

<table>
<tr><th colspan="6">Morfométrica de la cuenca del río Tapias</th></tr>
<tr><td colspan="3">Longitud axial = 49 km
Área = 1001 km²
Perímetro = 151 km
Ancho promedio = 20,42 km
Factor de forma = 0,42</td><td colspan="3">Coeficiente de compacidad = 1,35
Altitud media = 685 m
Pendiente media = 264 m/km
Densidad de drenaje = 0,38</td></tr>
<tr><th colspan="6">Evaluación morfométrica</th></tr>
<tr><td colspan="6">De acuerdo a la densidad del drenaje y el coeficiente de compacidad, la cuenca del río Tapias se define como de baja capacidad de drenaje y con susceptibilidad a crecidas. Las afluentes del río Tapias, como los ríos Corual y San Francisco, presentan creciente acumulada. La fuerte pendiente del cauce principal y afluentes importantes(San Francisco y Carrizal), en sus primeros 20 km, hace que el tiempo de concentración sea corto. Las crecientes son relativamente altas; con velocidades altasde escurrimiento, alto riesgo de erosión hídrica y transporte de sedimentos.</td></tr>
<tr><th colspan="6">Longitud y área de las principales corrientes de la cuenca (km)</th></tr>
<tr><td>Microcuenca</td><td>Área (km²)</td><td>Longitud (km)</td><td>Microcuenca</td><td>Área (km²)</td><td>Longitud (km)</td></tr>
<tr><td>Río Tapias</td><td>1001</td><td>86</td><td>Arroyo El Salado</td><td>82</td><td>19</td></tr>
<tr><td>Río San Francisco</td><td>166</td><td>27</td><td>Río Corual</td><td>125</td><td>24</td></tr>
<tr><td>Río Carrizal</td><td>47</td><td>16</td><td>Arroyo Mariamina</td><td>89</td><td>21</td></tr>
<tr><td>Arroyo El Totumo</td><td>44</td><td>20</td><td>Canal Robles</td><td>66</td><td>29</td></tr>
<tr><td>Quebrada La Tutumita</td><td></td><td>6</td><td>Arroyo Mandinga</td><td>60</td><td>14</td></tr>
</table>

Cuenca del río Palomino: el río Palomino nace a unos 4500 m s. n. m. y recibe como afluentes al río Lucuice y Mamaice.

Los ríos Lucuice y Mamaice son capaces de producir sus propias corrientes. La pendiente media de la cuenca es de 6,57 %.

Morfométrica de la cuenca del río Palomino	
Longitud principal del cauce = 68,3 km Densidad de drenaje = 0,90 km/km^2 Pendiente de longitudinal del cauce = 64,1 m/km^2	Densidad de corrientes = 0,75 Factor de forma = 0,14 Índice de compacidad = 1,42
Evaluación morfométrica	
La cuenca del río Palomino presenta una densidad de corriente baja, lo que leposibilita la ocurrencia de inundaciones por la escasez de corrientes que no permitedrenar con mayor rapidez el agua, pero el factor de forma y el índice de compacidadindican que es una cuenca alargada, situación que hace que el riesgo de inundación sea menor, ya que el flujo de escorrentía llega a su cauce principal de maneraescalonada. Es importante resaltar que la cuenca es de tipo compuesto, debido aqueposee afluentes importantes como los ríos Lucuice y Mamaice, capaces de producirsus propios crecientes; en cuanto la pendiente es alta, contribuyendo a la alta erodabilidad del suelo la velocidad del agua durante crecientes moderadas está entre 5 y 7 m/s con tiempos de concentración cortos.	
Subcuencas de la cuenca río Palomino	**Área (ha)**
Arroyo el Puerco	2369,48
Quebrada Mamaice	5339,73
Quebrada Mamarongo	1640,77
Quebrada Mula	4041,55
Quebrada Nabucaisí	2552,49
Quebrada Palomino	3047,35
Quebrada Sulue	2630,94
Río Lucuici	8644,76
Río Minacatue	2212,43
Río Quices	10 557,46
Total	33 536,97

Cuenca del río Ancho: la cuenca del río Ancho tiene un recorrido de 577 km, su área es de aproximadamente de 546 km^2 y posee un caudal medio de 14,9 m^2. Está constituida por las cuencas de los ríos San Miguel y Garavito. Las características geomorfológicas e hidrológicas propias de esta cuenca son:

- La cuenca produce caudales con velocidades considerables y altamente erosivas, gracias a su fuerte pendiente longitudinal.
- La forma alargada de la cuenca reflejada a través de los parámetros de Horton, que expresa la relación existente entre el área de la cuenca y un cuadrado de la longitud máxima, y del índice de capacidad, indican que las crecientes de los ríos son relativamente moderadas con picos retardados.
- El hecho que la cuenca sea compuesta, muestra que en el cauce principal se presenta un amortiguamiento natural que disminuye el valor del caudal máximo agregado.
- La pendiente longitudinal fuerte hace que el tiempo de concentración sea corta.
- La creciente de cada uno de los afluentes es rápida y de un valor considerable, gracias a que es una cuenca bien drenada.
- Las estaciones pluviométricas y pluviográficas no son abundantes en la cuenca, por lo cual la mayor parte de la información procesada proviene de estaciones en zonas vecinas.
- La capacidad de transporte en el río Ancho con base en la aplicación del método de Einstein es de un valor aproximado de 0,8 m/t año. La tasa de transporte moderada, que es causada por el área de la cuenca y la alta capacidad de transporte del cauce, demuestra que la cuenca no está en condiciones críticas de deterioro y que su recuperación puede lograrse en forma simple con solo programas de reforestación natural, sin necesidad de tomar medidas drásticas.

De acuerdo con los análisis realizados, la cuenca del río Ancho presenta condiciones de alto potencial erosivo debido a lo abrupto de su relieve, a las altas pendientes que dominan la mayoría de las subcuencas y los cauces de drenaje, a la alta pluviosidad y a la presencia de los suelos residuales sobre las laderas y los depósitos coluviales de piedemonte, así como a la intervención del hombre en áreas localizadas en las porciones media y baja de la cuenca (Corpoguajira, 1999).[2]

Morfométrica de la cuenca del río Ancho	
Longitud principal del cauce = 24,4 km Densidad de drenaje = 0,94 km/km^2 Pendiente de longitudinal del cauce = 72,3 m/km^2	Densidad de corrientes = 0,75 Factor de forma = 0,17 Índice de compacidad = 1,74
Evaluación morfométrica	
La cuenca del río Ancho presenta una densidad de corrientes baja, lo que le posibilita las inundaciones por la escasez de corrientes que no permiten desaguar con rapidez. Pero el factor de forma y el índice de compacidad indican que es una cuenca alargada, situación que hace que el riesgo de inundación sea menor, ya que el flujo de escorrentía llega a su cauce principal de manera escalonada. Es importante resaltar que la cuenca es de tipo compuesto, debido a que posee afluentes importantes como los ríos San Miguel y Garavito, que son capaces de producir sus propios crecientes en cuanto la pendiente de alta, lo que contribuye a la alta erodabilidad del suelo. La velocidad del agua durante crecientes moderadas está entre 5 y 7 m/s de concentración cortos.	
Subcuencas de la cuenca río Ancho	**Área (ha)**
Río Ancho	6220,99
Río San Miguel	25 165,52
Río Garavito	21 293,33
Total	53 679,85

2 Información de caracterización de la cuenca del río Ancho.

Cuenca del río San Salvador: la cuenca del río San Salvador está conformada por unas microcuencas localizadas hacia el sur, entre las cuencas de los ríos Ancho y Palomino, con desembocaduras directas de ambos ríos en el mar Caribe.

La mayor parte del territorio estudiado comprende parte del piedemonte norte de la Sierra Nevada de Santa Marta, que se presenta como una formación rocosa aislada de otros sistemas montañosos, y una mayor parte constituida por llanuras semiáridas, con sus faldas medias y bajas por debajo de la cota de los 500 m s. n. m., en la franja costera.

Los principales cursos de agua en el área de estudio son los ríos Negro y San Salvador, cuyos nacimientos se encuentran a una altura de 2250 m s. n. m.

En las microcuencas hidrográficas mencionadas comprenden alturas que van desde los 3 m s. n. m. en la parte montañosa.

Respecto a la densidad del drenaje se aprecian valores bastante bajos, lo cual en ocasiones corresponde a los suelos resistentes a la erosión muy permeables. De la forma de la cuenca, factor que afecta los hidrogramas de escorrentías y las tasas de flujo máximo, se puede concluir que corresponde a una forma alargada. Esto se deduce del factor de forma, que es de 0,32 y su índice de compacidad que es igual a 1,49. Además, es importante resaltar el hecho de que la cuenca del río es compuesta, por tanto, se espera que los hidrogramas de las crecientes presenten, por lo menos, dos picos, los cuales reflejan el desfase de las correntías en las diferentes subcuencas.

Morfométrica de la cuenca del río San Salvador	
Longitud principal del cauce = 21,3 km Densidad de drenaje = 0,98 km/km^2 Altitud media = 214,8 m	Pendiente media de la cuenca = 0,153 m/km Pendiente media de la corriente = 0,0128 m/km
Evaluación morfométrica	
Los ríos Negro y San Salvador presentan condiciones morfométricas similares, en cuanto a la densidad de drenaje presentan valores muy bajos, lo cual corresponde a suelos muy permeables; la configuración de la cuenca nos muestra que la relación entre la longitud delcauce principal y el área de drenaje, a medida que es más extensa, tiende también a ser másalargada, lo que ayuda a la entrega del flujo de escorrentías al cauce principal, de manera escalonada un pico menor y más retardado, favoreciendo la poca probabilidad de ocurrencia de crecientes.	

Cuenca de los ríos Lagarto-Maluisa: estos dos ríos forman microcuencas recibiendo sus mismos nombres, con una extensión de 15 400 ha, de las cuales 2115 ha (13 %) corresponden a Lagarto y 11 259 ha (73,1 %) a Maluisa, el 13,2 % restante a la planicie fluvial marina. A su vez, estas microcuencas conforman la cuenca de los ríos Cañas y Jerez, situados a los extremos occidental y oriental respectivamente.

La microcuenca del río Maluisa tiene una elevación de 1600 m s. n. m. Este río recorre 23 km aproximadamente hasta su desembocadura en el mar Caribe. Gran parte de su trayectoria la realiza por el costado occidental de la microcuenca, recibiendo las aguas de varios de sus afluentes, entre los que se encuentran la quebrada Vainilla y los arroyos Julián y Favián.

Geomorfológicamente, la microrregión está conformada por dos grandes unidades claramente definidas: una referenciada a la planicie fluvio-marina que va desde el nivel del mar hasta aproximadamente los 50 m s. n. m., y a partir de las cuales empieza a conformarse a otra unidad denominada piedemonte de la Sierra Nevada de Santa Marta, con una altura máxima en la zona de estudio del orden de los 1600 m s. n. m. Se registran en el área valores totales de precipitación anual del orden de los 1300 mm por año aproximadamente, con mínimos mensuales de 7 mm por año, en febrero, y máximos de 370 mm por año, en octubre.

Los agentes geomorfológicos más importantes, tales como las precipitaciones, la escorrentía, las olas, las corrientes costeras, las mareas, los glaciares, el viento, la gravedad, los movimientos sísmicos, la acción del hombre y de los animales; todos los anteriores, son los responsables de los procesos geomorfológicos que afectan la corteza terrestre, modelándola para la construcción de nuevos paisajes.

La combinación de los diferentes agentes geomorfológicos, conduce a los procesos degenerativos de la corteza como son la meteorización, los movimientos de remoción en masa y la erosión.

Si se incorpora el análisis de la erosión, la estimación de pérdida de suelo con base en la metodología de la «ecuación universal», que considera los parámetros de potencial erosivo de la lluvia erodabilidad, topografía, cobertura vegetal y práctica de control y según los cálculos desarrollados en el estudio del río Cañas y del río Jerez se tiene que el valor promedio de pérdida de suelo para las microcuencas Lagarto y Maluisa fluctúa entre 212 t/ha por año y 222 t/ha por año, respectivamente.

Dentro de las microcuencas se presentan fenómenos de remoción en masa en pequeña escala y extensión, tales como deslizamientos, desprendimientos y reptación. Los pequeños procesos de deslizamiento afectan generalmente al suelo residual y se localizan especialmente en la parte alta de la microcuenca Maluisa, en sitios con alta pendiente y asociados a cambios litológicos intraformacionales y zonas cercanas a fallas geológicas.

Socioeconómicamente las dos microcuencas forman parte integral del sistema Cañas-Jerez, donde los territorios de las poblaciones de Mingueo y Dibulla presentan características claramente definidas, su población está constituida por colonos y propietarios y no existen asentamientos indígenas.

Este escenario es diferente entre la población de la zona plana, ubicada entre la troncal del Caribe y el litoral, por cuanto existen mejores alternativas de acceso o servicios sociales y porque se trata de propietarios con terrenos aptos para la explotación comercial.

<table>
<tr><th colspan="2">Morfométrica de la microcuenca Lagarto</th></tr>
<tr><td>Área = 2115 ha
Altura media = 35,6 m
Pendiente media de la cuenca = 42,6 m/km</td><td>Pendiente media de la corriente = 5,3 m/km
Longitud de la corriente = 9,5 km
Rendimiento= 36,2 l/s/km^2</td></tr>
<tr><th colspan="2">Evaluación morfométrica</th></tr>
<tr><td colspan="2">Los parámetros morfométricos señalan que en la microcuenca Lagarto predominan áreas planas, siendo su altura media de 35,6 m y una elevación máxima de 150 m s. n. m., donde naceel río que le da su nombre. Se caracteriza por poseer todos sus afluentes sobre la margen derecha en razón de su estructura geológica que se presenta en la zona. Dada su longitud, 9,5km, y su área relativamente pequeña, presenta una pendiente media de la corriente de tan solo 5,3 m/km y la pendiente media de la cuenca es de 42,6 m s. n. m.</td></tr>
<tr><th colspan="2">Evaluación morfométrica microcuenca del río Maluisa</th></tr>
<tr><td colspan="2">La microcuenca presenta una elevación máxima de 1600 m s. n. m. y una pendiente media de 174 m/km. Este río recorre 23 km aproximadamente, desde el nacimientohasta su desembocadura en el mar Caribe. Gran parte de su trayectoria la realiza por el costado occidental de la microcuenca, recibiendo las aguas de varios de los afluentes, entre los que se encuentran la quebrada Vainilla y los arroyos Julián y Favián.</td></tr>
<tr><th colspan="2">Usos del agua</th></tr>
<tr><td colspan="2">Las poblaciones asentadas sobre la cuenca utilizan sus aguas para el consumo doméstico, de sostenimiento de animales y los cultivos.</td></tr>
</table>

Cuenca de los ríos Cañas y Jerez[3]: (Plan de gestión ambiental regional Corporación Autónoma de La Guajira, 1999).

Las cuencas comprenden una extensión conjunta de 35 800 ha, distribuidas de la siguiente forma: Cañas 14 200 ha y una longitud aproximada de su cauce principal de 50 km, del área total el 70 % pertenece a la zona quebrada que tiene como soporte hidrogeográfico la vertiente norte de la Sierra Nevada. Sus mayores alturas se ubican aproximadamente en los 4000 m s. n. m. y entregan sus aguas directamente al mar Caribe, muy cerca de las poblaciones de Mingueo y Dibulla. Son varios los ecosistemas que la conforman, estando caracterizado por los regímenes hidro climáticos.

<table>
<tr><th colspan="2">Morfométrica de la cuenca del río Jerez</th></tr>
<tr><td>Longitud principal del cauce = 50 km
Área = 24 600 ha
Densidad de drenaje = 104 km/km^2</td><td>Altitud media = 1066 m
Pendiente media de la cuenca = 373 m/km
Pendiente media de la corriente = 75 m/km</td></tr>
<tr><th colspan="2">Evaluación morfométrica</th></tr>
<tr><td colspan="2">Los parámetros morfométricos obtenidos demuestran que es una cuenca alargada con pendientes pronunciadas y alturas bastantes considerables que van desde el nivel del mar hasta los 4050 m s. n. m. Dentro de la variedad de alturas, el 26,5 % del área se localiza por debajo de los 400 m. La longitud principal del cauce es de 50 km, delos cuales 39 km se localizan por debajo de los 400 m, lo cual demuestra el grado dependiente que presenta la cuenca en las partes montañosas, ya que solo 20 km quedan distribuidos en alturas que van desde los 400 m hasta los 4050 m.</td></tr>
<tr><th>Subcuencas de la cuenca río Jerez</th><th>Área (ha)</th></tr>
<tr><td>Río Jerez</td><td>13 239,13</td></tr>
<tr><td>Quebrada El Pilón</td><td>1626,54</td></tr>
<tr><td>Quebrada El Salto</td><td>2168,31</td></tr>
<tr><td>Quebrada Palomas</td><td>1242,42</td></tr>
<tr><td>Quebrada Peñón Colorado</td><td>3779,99</td></tr>
<tr><td>Total</td><td>22 056,40</td></tr>
</table>

3 Información de caracterización de las cuencas de los ríos Cañas y Jerez.

SERRANÍA DEL PERIJÁ

La serranía del Perijá está ubicada al norte de Colombia y comparte frontera con Venezuela. Es un territorio de importancia biológica para el país y para la humanidad por sus servicios ambientales. Además, tiene resguardos que favorecen a los indígenas yuko-yukpas y a los barís, etnias que están casi extinguidas.

La economía se basa en el sector primario, una parte agropecuaria y otra minera. En la primera se destacan los cultivos permanentes de palma de aceite, café, cacao y la ganadería bovina extensiva, y en la segunda la extracción de carbón.

En este territorio, las fuentes hídricas, el suelo y el aire, han sido afectados por el conflicto armado en la región, lo cual ha generado altos índices de pobreza en la población rural.

La serranía del Perijá está situada al norte de Colombia, en parte de los departamentos del Cesar, La Guajira y Norte de Santander, y es el límite con el estado de Zulia en Venezuela. Se ubica en el lado septentrional de la cordillera Oriental, que en el macizo de Santander se divide en dos ramales: la rama occidental conserva la dirección original de la cordillera y forma la serranía del Perijá, y la rama oriental entra a Venezuela y forma los Andes de Mérida.

Esta serranía tiene una importancia biológica por sus recursos naturales de flora y fauna. Contiene bosques húmedos, secos y páramos cubiertos de pajonales, matorrales y frailejones. Los bienes y servicios que ellos producen benefician directamente a la población de los municipios de los tres departamentos en donde se encuentra este ecosistema. Además, es un patrimonio para el país y para la humanidad por sus servicios ambientales, como la producción de agua, sumidero de carbono y hábitat de muchas especies de fauna y flora. Sus cuencas hidrográficas nutren las arterias fluviales de los departamentos que cruzan y en el Cesar alimentan a la ciénaga de Zapatosa, el cuerpo de agua dulce más extenso de Colombia.[4]

ASPECTOS GEOGRÁFICOS

La serranía del Perijá está ubicada al norte de la cordillera Oriental, en parte de los departamentos de La Guajira (siete municipios), Cesar (diecisiete municipios) y Norte de Santander (doce municipios). Al oriente marca los límites entre Colombia y Venezuela (en el estado Zulia). Se encuentra muy cerca de la Sierra Nevada de Santa Marta, a 25 km en línea recta. Los treinta y seis municipios que la componen tienen en total una extensión de 26 567 km^2.

Los diecisiete municipios del Cesar ocupan el 60,9 % del departamento, los doce del Norte de Santander abarcan el 41,8 % de su territorio y los siete de La Guajira comprenden el 17,1 % de su área.

La serranía del Perijá tiene una formación montañosa larga y angosta, parecida a una columna vertebral, de una longitud de más de 295 km, entre los municipios de Barranca (La Guajira) al norte y Cáchira (Norte de Santander) al sur. En la parte media

---

4 Aguilera Díaz, María. (2016). Economía regional del Centro de Estudios Económicos Regionales (CEER). Cartagena.

presenta la porción más ancha, de unos 50 km (Banco de Occidente, 1999, como se citó en Aguilera Díaz, 1999).

La estructura fisiográfica se subdivide en una zona montañosa y otra aluvial. La primera presenta un relieve quebrado formado por laderas con pendientes que exceden el 50 % y por escarpes separados por valles encajonados y profundos. Esta zona montañosa tiene cuatro pisos térmicos: cálido, templado, frío y paramoso. Este territorio de características paramoso alcanza altura hasta 1000 m s. n. m. de altitud el primero; a 2000 m s. n. m. el segundo y más de 2000 m s. n. m. el tercero (Jaramillo, 2000b, como se citó en Aguilera Díaz, 1999). También, existen sabanas naturales en el alto Magdalena, como las de Aguachica y La Gloria en el departamento del Cesar. Las montañas más altas se localizan en la frontera con Venezuela, estas son: el páramo del Avión (3550 m s. n. m.), conocido del lado venezolano como Cerro Plano; aledaño al anterior el páramo de Sabana Rubia (3450 m s. n. m.), el páramo de Tétari (3400 m s. n. m.) y Cerro Pintado (3300 m s. n. m.). Estos cerros se localizan al oriente de los municipios de Agustín Codazzi, La Paz, San Diego, Manaure Balcón del Cesar, La Jagua del Pilar, Urumita, Villanueva y El Molino (Rangel, 2009, como se citó en Aguilera Díaz, 1999).

Fuente. Elaborado por la autora, con datos del Instituto Geográfico Agustín Codazzi (IGAC).

Figura 1. Municipios con jurisdicción en la serranía del Perijá

CLIMA

En la serranía del Perijá, su relieve determina el clima, el cual varía según la altitud y la latitud: el sur es húmedo y el norte es seco. Las tierras bajas son más cálidas y de mayor pluviosidad, en tanto que las altas son más frías y secas. De acuerdo con la altitud, el clima puede ser cálido, templado, frío o de páramo. La distribución de su superficie por pisos térmicos se presenta así: 84 % cálido, 10,5 % medio, 4 % frío y 1,5 % páramo (Jaramillo, 2000b, como se citó en Aguilera Díaz).

El clima es tropical, con dos periodos de lluvias que se presentan entre abril, mayo y junio, y otro desde julio o agosto hasta octubre o noviembre; el periodo seco de mayor duración va desde diciembre hasta marzo, y en los meses de junio o julio hay un descanso de lluvias. La vertiente colombiana tiene menor pluviosidad que la venezolana, ya que la serranía se convierte en un obstáculo en el desplazamiento de los vientos alisios del occidente.

En la zona norte hay climas semiáridos o semisecos con largos periodos de sequías de hasta diez años. La característica del clima muy seco se va disminuyendo en dirección sur hasta tornarse un clima semi o ligeramente húmedo en la zona centro, donde se encuentra el sistema fluvio-lacustre de la ciénaga de Zapatosa y demás lagunas del sector, las cuales son fuentes de agua para el sistema local de circulación en la atmósfera.

En la región subandina (desde 1000 hasta 2000 m s. n. m.), el clima es semihúmedo, con temperaturas mesotermales y un balance hídrico de exceso de agua durante la mayoría de los meses del año (desde abril hasta noviembre). En la alta montaña (franjas andinas y de páramos), las precipitaciones más altas son más frecuentes en el sur.

Los aspectos climáticos imperantes en la serranía del Perijá permiten definir las siguientes formaciones vegetales:

- Bosque seco tropical (bs-T): tiene una temperatura media superior a 24 °C y un promedio de lluvia anual entre 1000 y 2000 mm. Se presenta en zonas cuya elevación puede estar entre 0 y 1100 m s. n. m., con dos periodos lluviosos: uno de mediana pluviosidad, correspondiente a abril, mayo y junio, y otro periodo muy lluvioso, desde septiembre hasta noviembre.
- Bosque húmedo subtropical (bh-ST): se caracteriza por temperaturas entre 17 y 24 °C y un promedio de precipitaciones anuales entre 2000 y 4000 mm. Las elevaciones forman laderas con altitud entre 1000 y 2000 m s. n. m., donde se introdujo el cultivo de café luego de tumbar áreas de bosque.
- Bosque muy húmedo montano bajo (bmh-MB): de temperatura media, entre 12 y 18 °C y un promedio anual de lluvias entre 2000 y 4000 mm, con altitudes entre 1800 y 2800 m s. n. m. Sobresale el relieve montañoso y accidentado, con ríos y quebradas que corren por cañones escarpados y profundos sin formar valles aluviales.
- Bosque muy húmedo montano (bmh-M): se caracteriza por unos límites climáticos con una temperatura media entre 6 y 12 °C y una precipitación promedio anual entre 1000 y 2000 mm. Se encuentra entre 2700 y 2900 m s. n. m., extendiéndose, inclusive, hasta unos 1000 metros más de altura. Sus plantas tienen una estructura típica que les permite acomodarse a especiales condiciones ecológicas. Domina en el

paisaje el frailejón de hojas lanosas, inflorescencias amarillas y hojas rosetadas, forma típica del páramo.

- Bosque pluvial montano (bp-M): también se le conoce como bosque andino y páramo bajo, y está distribuido entre los 3000 y los 3600 m s. n. m. La precipitación supera los 2000 mm anuales y la temperatura es inferior a los 12 °C.

SUELOS

Los diversos climas y relieves determinan la variabilidad de los suelos en la serranía del Perijá. En las zonas con relieve quebrado los suelos son poco evolucionados, la materia orgánica se mineraliza rápidamente y hay más pérdidas que acumulación de material, predominando los entisoles.[5]

En las terrazas y en las orillas de los ríos, los suelos cambian su composición y presentan variaciones irregulares en el contenido de carbono. En las zonas secas y planas el lavado (lixiviación) es menos intenso que en las regiones húmedas, la materia orgánica se transforma rápidamente y la cantidad de carbono que subsiste en el suelo es baja (Carrera *et al.*, 1982; citado por Rangel, 2009).

El Instituto Geográfico Agustín Codazzi (IGAC, 1996) clasifica la aptitud de los suelos según su tipo:

- El 64,8 % tiene limitaciones severas o muy severas permanentes que limitan el uso a bosques o conservación de la

5 Suelos formados por sedimentos recientes que no han generado aún diversos horizontes distintos a los de un metro de la superficie del suelo, y cuya composición es muy parecida al material rocoso que le dio origen y sobre el cual descansa, según el sistema de taxonomía de los Estados Unidos. Recuperado de https://www.soils.org/publications/soils-glossary#

vida silvestre y no pueden corregirse, tales como pendientes muy pronunciadas o fuertemente inclinadas, poca profundidad del suelo, alta pedregosidad, drenaje pobre, baja capacidad de retención de humedad, altos contenidos de sales o sodio y factores climáticos adversos.

- El 16,9 % presenta limitaciones ligeras o moderadas, bien sea por profundidad del suelo, erosión, fertilidad, pendiente, drenaje y clima. Son aptos para cultivos o pastos adaptados a las condiciones climáticas de la zona, utilizando prácticas intensivas de conservación de suelos, como rotaciones de cultivos combinadas con prácticas tendientes a conservar o aumentar la fertilidad del suelo y a mejorar el drenaje.
- El 9,4 % muestra limitaciones severas por la poca profundidad de los suelos, fertilidad muy baja, erosión moderada a severa, drenaje pobre, inundaciones frecuentes, y afección moderada de sales o efectos moderados de clima. Se puede utilizar con unos pocos cultivos con prácticas intensivas de conservación de suelos, entre ellas localización adecuada de los cultivos, siembra en curvas de nivel o en fajas, rotaciones de cultivos, establecimiento de barreras vivas, construcción de acequias de ladera, aplicación de fertilizantes, enmiendas, lavado de sales y fertilización adecuada.
- El 3,7 % ostenta limitaciones por inundaciones, encharcamientos o piedras en la superficie del terreno que limitan su uso únicamente a pastos, bosques o vida silvestre. Generalmente tiene relieve plano y no presenta erosión.

HIDROGRAFÍA

Después de la Sierra Nevada de Santa Marta, la serranía del Perijá es la segunda fábrica natural de agua de la región Caribe-colombiana. Su sistema hidrográfico está constituido por ríos, quebradas y caños que alimentan el complejo cenagoso de Zapatoca y el río Magdalena. Algunos de los ríos que nacen en esta serranía son Urumita, Marquesote, Marquezotico, Villanueva, Los Quemaos, El Molino, Cañaverales, Capuchino, Totolee, Carraipía, Chiriaimo y Manaure. Este último nace en la zona del cerro El Pintao y recorre 29 km en el municipio de su mismo nombre, en dirección oriente-occidente (municipios de Fonseca, Manaure y Urumita, 2012).

La serranía del Perijá drena sus aguas hacia dos regiones: la cuenca del río Cesar al occidente, en el Caribe colombiano; y al oriente la cuenca del Catatumbo y el Zulia, que vierten sus aguas al lago de Maracaibo. De la primera cuenca cabe mencionar las quebradas de Calenturitas, Casacará, Pernambuco, Maracas, Magiriaimo y Sicarare; y los ríos Apón y Santa Ana, con sus tributarios principales: los ríos Negro y El Tucuco.

En la segunda cuenca se encuentra el río de Oro, que lo forman dos ríos principales, el del noroccidente en el territorio barí-venezolano, y el intermedio o motilón que constituye la frontera entre Colombia y Venezuela (Jaramillo, 2000b).

POBLAMIENTO

En la época precolombina, la serranía del Perijá era habitada por los yukos-yukpas, los dobokubis y los barís, tres etnias indígenas que se disputaron el control territorial de sus partes bajas. El primer contacto con los conquistadores lo tuvieron con Ambrosio Alfinger, entre 1530 y 1540 quien, con su violencia, los obligó a refugiarse en las partes altas de la serranía, hasta que en 1691 una misión de capuchinos buscó el contacto pacífico con estas etnias. Los colonizadores del siglo XVIII comúnmente los llamaban motilones, por llevar su cabello recortado (Jaramillo, 2000a).

Los yukos-yukpas[6], de la familia lingüística Caribe, hoy día están localizados al nororiente del departamento del Cesar, en los municipios de Agustín Codazzi y Becerril, y en Venezuela cerca de las fuentes del río Apón.

Practican una agricultura de rotación con cultivos de subsistencia como maíz, millo, yuca, ñame, caraotas, entre otros; recolectan moluscos e insectos que encuentran en quebradas y bosques y consumen carnes provenientes de la caza y de animales domésticos. Pescan periódicamente en quebradas y ríos que descienden de la cordillera y utilizan como herramientas el arpón, el chuzo, el barbasco y la carnada. Viven de manera dispersa, en casas unifamiliares de forma rectangular, de tres o cuatro metros de longitud, tres de ancho y dos y medio de alto, techo pajizo y empalizada.

Los dobokubis, también llamados kunaguasava (gente de agua), son de la familia lingüística chibcha. En el siglo XVIII se localizaban un poco más al norte de los yukos, entre las provincias de Santa Marta y Maracaibo. Están casi extinguidos y se confunden con los yukos y con los barís. Los pocos sobrevivientes están establecidos entre los ríos Agua Blanca y Maraca, en la serranía del Perijá (Banco de Occidente, 1999).

Los barís son de la familia lingüística chibcha. En la época de la conquista se encontraban ubicados al sur del lago de

---

6 En la lengua Caribe el apelativo *yuko* significa «gente salvaje», y *yukpa*, «indio manso».

Maracaibo, desde la cordillera de los Andes venezolanos hasta la serranía del Perijá colombiana, teniendo al río Apón como límite septentrional. En la actualidad, habitan en una región de bosque húmedo tropical, en la hoya del río Catatumbo, en el departamento Norte de Santander y en la frontera con Venezuela. Viven en bohíos o malocas o casas comunales de forma semiovalada o rectangular que llegan a tener entre diez y cuarenta y tres metros de largo por seis y quince metros de alto, con techo de paja hasta el suelo.

Habitan y se distribuyen en los sectores ribereños y en tierras firmes donde desarrollan faenas de horticultura, caza y pesca. Para la producción agrícola aprovechan los sedimentos que dejan las crecientes de los ríos en el cultivo de yuca dulce y en varias especies de plátanos. En las tierras firmes crían animales domésticos como cerdos y aves, cultivan plantas como la palma del género *jessenia*, de la cual aprovechan la madera y las hojas en la construcción de los techos. De su fruto, después de etapas de fermentación, se obtiene una leche que sirve como bebida alimenticia y de su mesocarpio se extrae un aceite de calidad parecido al de la oliva (Jaramillo, 2000b).

Los barís se caracterizaron como guerreros y mantuvieron su resistencia a la pacificación durante cinco siglos, gracias a su adaptación a las residencias múltiples, las cuales ayudaron a que se mantuvieran aislados de las poblaciones y evitaran el contagio de enfermedades externas. Entre 1722 y 1818 se inició la primera pacificación con la mediación de un indio cautivo al que aceptaron como contacto para adquirir algunas herramientas que antes conseguían por la fuerza, como machetes, cuchillos y hachas. Esto permitió a las misiones capuchinas catequizarlos y ponerlos en contacto con las poblaciones mayoritarias.

Posteriormente, entre 1818 y 1913, la guerra de la Independencia forzó a los capuchinos a abandonar las misiones y los barís regresaron a la selva. El siglo XIX transcurrió de manera pacífica y permitieron la construcción de un camino, en 1895, entre Tamalameque y el Tarra venezolano para facilitar el transporte de ganado (Jaramillo, 2000b).

Entre 1913 y 1930 se iniciaron exploraciones geológicas en áreas habitadas por los barís, realizadas por compañías estadounidenses y europeas en el Tarra venezolano y por la concesión Barco en Colombia. El descubrimiento de reservas de petróleo por estas compañías llevó de nuevo a la reacción violenta de los indígenas por la defensa de su territorio. Además, sobrevino un creciente aumento de colonos en busca de tierras para cultivar, por la alta demanda de productos agrícolas para el abastecimiento de alimentos.

En las décadas de los cuarenta y cincuenta, época de la Segunda Guerra Mundial y de La Violencia en Colombia, el flujo poblacional de la serranía del Perijá aumentó, agravado por el despido masivo de trabajadores de las compañías petroleras extranjeras. Los desempleados optaron por permanecer en la región, organizaron sus viviendas y trasladaron sus familias para instalarse allí permanentemente (Jaramillo, 2000b). A finales de los años cincuenta se abrieron fincas en la parte alta de la serranía para levantar ganado en tierras fronterizas con Venezuela, y luego vender de manera ilegal a ese país.

Posteriormente, a comienzos de los años sesenta, se dieron nuevas pacificaciones: en 1960 la misión de los capuchinos en Venezuela; en 1961 Bruce Olson (misionero noruego) hizo contacto con los barís colombianos y les enseñó que el diálogo era la mejor manera de tratar a las personas y defender lo propio; en

1963 el padre Rafael García Herreros y la congregación de las hermanas de la madre Laura fundaron una misión en la zona del río Catatumbo (Jaramillo, 2000b).

A partir de los años sesenta aumentó el flujo de colonizadores, se intensificó la tala y la explotación de madera y se construyeron carreteras y trochas por donde pasaba el ganado de contrabando y los colombianos que iban a trabajar ilegalmente a Venezuela. Este tipo de organizaciones e infraestructura permitió en los años setenta la adaptación a la producción y comercialización de la marihuana, actividad que condujo a la concentración de la tierra, a la descomposición socioeconómica entre campesinos e indígenas, y atrajo la presencia de grupos armados dedicados a la extorsión de finqueros, técnicos y empleados de las empresas multinacionales (Corpes C. A., 1992).

Durante los siglos XIX y XX los territorios y poblaciones de estas etnias disminuyeron por las constantes confrontaciones entre los mismos grupos y entre ellos y los blancos que invadieron sus tierras para la ganadería y la agricultura.

En efecto, en la época de la conquista los barís ocupaban un área calculada en 21 300 km^2, con una población estimada de 4000 personas. A comienzos del siglo XX ya había descendido a 16 000 km^2 y su población total se aproximaba a los 2500 habitantes.[7]

La pacificación les impuso nuevas condiciones tales como viviendas unifamiliares agrupadas al modo de caseríos o poblados, introducción de agricultura sedentaria y comercial, frente a la vida seminómada y de rotación de los silvicultivos.

---

7 Según cálculos de Lizarralde y Beckerman, 1982, citados por Jaramillo, 2000b.

Estas etnias persisten en territorios, reservas y resguardos indígenas[8], pero han perdido tradiciones culturales por la influencia colona.

CAMBIOS EN EL TERRITORIO Y POBLACIÓN DE LOS BARÍS, 1900-1980

Año	Área en km²	Población estimada	Densidad por km²
1900	16 000	2000	0,13
1920	14 000	2000	0,14
1930	13 500	2000	0,15
1940	9700	1500	0,15
1950	7400	1200	0,16
1960	5100	800	0,16
1970	3300	1200	0,36
1980	2400	1400	0,58

Fuente: Beckerman (1983), citado por Jaramillo (2000b).

Los yukpas del resguardo Iroka, ubicado en la zona rural del municipio de Agustín Codazzi, también fueron afectados por el desplazamiento forzado y el despojo. En diciembre de 2014

---

8 El decreto 2164 de 1995, artículo 2, define como «Territorios indígenas. Son las áreas poseídas en forma regular y permanente por una comunidad, parcialidad o grupo indígena y aquellas que, aunque no se encuentren poseídas en esa forma, constituyen el ámbito tradicional de sus actividades sociales, económicas y culturales [...] Reserva indígena [como] un globo de terreno baldío ocupado por una o varias comunidades indígenas que fue delimitado y legalmente asignado por el Incora a aquellas para que ejerzan en él los derechos de uso y usufructo con exclusión de terceros». El artículo 21 define a los resguardos indígenas como «una institución legal y sociopolítica de carácter especial, conformada por una o más comunidades indígenas, que con un título de propiedad colectiva que goza de las garantías de la propiedad privada, poseen su territorio y se rigen para el manejo de este y su vida interna por una organización autónoma amparada por el fuero indígena y su sistema normativo propio».

presentaron una demanda colectiva para reclamar los derechos territoriales de 175 familias que se asentaban en la serranía del Perijá. El proceso aún se encuentra en la Unidad de Restitución de Tierras (Barrios, 2016). Los aspectos institucionales adoptados en Colombia para proteger a las comunidades indígenas están contemplados en la Constitución Política de 1991 (artículos 63 y 329), que determinó a las tierras comunales de los grupos étnicos como «inalienables, imprescriptibles e inembargables». A su vez, la Ley 21 de 1991 acogió la política general sobre pueblos indígenas, aprobada en la 76.ª reunión de la Conferencia General de la Organización Internacional del Trabajo (OIT), realizada en Ginebra en 1989. El artículo 14 de dicha ley reconoce el derecho de propiedad y de posesión sobre las tierras que tradicionalmente ocupan los pueblos indígenas.

El artículo 85 de la Ley 160 de 1994 reguló los programas de ampliación, reestructuración y saneamiento de los resguardos, dirigidos a «facilitar el cumplimiento de la función social y ecológica de la propiedad por parte de las comunidades, conforme a sus usos o costumbres, a la preservación del grupo étnico y al mejoramiento de la calidad de vida de sus integrantes». En la serranía del Perijá se encuentran establecidos ocho resguardos indígenas, los cuales ocupan 104 004 ha. Como se aprecia en el mapa 2 y el en cuadro 2, el de mayor extensión es el resguardo motilón-barí, localizado en los municipios de El Carmen, Convención y Teorama (Norte de Santander), en un área de 83 000 ha, específicamente en jurisdicción del Parque Nacional Natural Catatumbo Barí, en donde se destinó un área de 56 330 ha como reserva especial destinada a la población motilón-barí.

RESGUARDOS INDÍGENAS UBICADOS EN LA SERRANÍA DEL PERIJÁ

Nombre del resguardo	Etnia	Área (ha)	Municipios de ubicación
Caño Padilla	Yukpa	93	La Paz (Cesar)
El Rosario, Bellavista y Yukatán	Yukpa	137	La Paz (Cesar)
La Laguna-El Coso-Cinco Caminos	Yukpa	157	La Paz (Cesar)
Menkue-Misaya y La Pista	Yukpa	310	Agustín Codazzi (Cesar)
Iroka	Yukpa	8678	Agustín Codazzi (Cesar)
Socorpa	Yukpa	25 000	Becerril (Cesar)
Motilón-Barí	Motilón-barí	56 330	El Carmen, Convención y Teorama (Norte de Santander)
Gabarra-Catalaura	Motilón-barí	13 300	Teorama y Tibú (Norte de Santander)
Total	**Serranía del Perijá**	**104 004**	

Fuente. Instituto Geográfico Agustín Codazzi (IGAC).

En la misma zona también se encuentra el resguardo indígena motilón-barí de Catalaura, en la jurisdicción de los municipios de Teorama y Tibú, con 13 300 ha, sobre la margen izquierda del río Catatumbo entre los caños Brandy y Martillo, en el asentamiento donde está ubicada la misión de las hermanas de la madre Laura. Dichas áreas hacían parte de la zona de reserva forestal de la serranía de los Motilones. Los otros resguardos pertenecientes a la etnia yuko-yukpa están ubicados en el departamento del Cesar, siendo los de mayor extensión el Socorpa (con 25 000 ha), ubicado en el municipio de Becerril, y el de Iroka (con 8 678 ha), localizado en el municipio de Codazzi. Los otros están en el municipio de La Paz y son pequeñas áreas que en conjunto suman 387 ha.

Fuente. María Aguilera Díaz. Jefe del Centro Regional de Estudios Económicos (CREE) del Banco de la República, sucursal Cartagena.

Figura 2. Resguardos indígenas ubicados en la serranía del Perijá

PARQUE NATURAL REGIONAL CERRO PINTAO

Parque Natural Regional Cerro Pintao. Formación de montaña, ubicada en la frontera internacional entre Colombia y Venezuela. Los colores que le dan su nombre son los de las rocas que sobresalen en sus laderas recostadas en sus más de 3000 metros de altura. Cuenta con una vasta diversificación de los diferentes grupos de fauna y flora. En su gran mayoría, el cerro está cubierto por bosques premontanos y montanos que en las zonas más elevadas son reemplazadas por páramos.

Localización: en la jurisdicción del municipio de Villanueva, Guajira.

Características generales: Cerro Pintao es la mayor riqueza de biodiversidad biótica con la que cuenta el sur del departamento de La Guajira y el norte del departamento del Cesar, así como la mayor cuenca hidrográfica donde nacen importantes ríos no solo de Colombia sino de Venezuela, con la importancia que el país vecino lo tiene declarado como parque natural y de ahí que, haciendo un paralelismo con la parte de nuestro país, la parte de Venezuela es exuberante tanto en la flora como en la fauna y en la protección de su hidrografía, y en la parte de Colombia es casi desértica, debido a la deforestación inclemente que ha hecho mella en ella, en este ecosistema, siendo sus mayores depredadores los habitantes del cono sur de La Guajira y los habitantes de Manaure, en el departamento del Cesar.

Cerro Pintao es un ecosistema de gran interés ecológico e importancia socioeconómica, ambiental y turística para La Guajira y el país en general. Está localizado en la cordillera Oriental, en la serranía del Perijá, al suroriente de La Guajira. Posee 25 000 ha y comprende alturas entre 1600 hasta 3450 m s. n. m. Reserva hidrológica donde nacen trece ríos que abastecen de agua a varios acueductos municipales y son base del desarrollo y de la economía de sus pueblos.

Cerro Pintao presenta el aspecto de una altiplanicie caracterizada por alta pluviosidad, bajas temperaturas y vegetación exuberante. De acuerdo con la incidencia de los rayos solares, Cerro Pintao toma una coloración especial, única en el mundo: en el amanecer es amarillento, al mediodía azul-grisáceo y en el atardecer anaranjado-rojizo. Esta gama cromática que presenta en las diferentes horas del día es lo que ha determinado que se denomine Cerro Pintao.

Flora y fauna: la flora y fauna son variadas y diversificadas: curuba, pirito, tespecio, colibrí, viudita, chupaflor romero, laurel, uvas, helechos, frailejón, aguacatillo, cedro, oso, león, tigre, tigrillos, venados, dantas, águilas, los cóndores anidan en las terrazas calcáreas de sus alturas. Cuatrocientas veinte especies avifáunicas que representa, para famosos naturalistas, el 24 % de las aves colombianas, han interesado, en Estados Unidos y en Europa, a científicos y a grupos ambientalistas (Colparques).

Península de La Guajira: la península de La Guajira está situada entre el extremo nororiental de Colombia y el extremo noroccidental de Venezuela, extendiéndose desde la bahía de Manaure en el mar Caribe, hasta la ensenada del calabozo, localizada en el oeste del golfo de Venezuela. Políticamente, la mayor parte de esta península, pertenece al departamento colombiano de La Guajira y una estrecha franja costera al sur, pertenece al estado venezolano del Zulia.

Etnia wayuu: aborígenes de la península de La Guajira que habitan, principalmente, en resguardos de la media y de la Alta Guajira, ubicados en los territorios de los municipios de Maicao, Manaure y Uribia.

Según censo de 2005, la población wayuu era de 270 413 habitantes, la cual representaba el 20 % de la población indígena del país y el 40 % de la población del departamento.

Caracterización del territorio: por su ubicación, la península recibe el influjo desecante de los vientos alisios del hemisferio norte y conforma, junto con la costa noroccidente de Venezuela y las Antillas, el cinturón árido precaribeño. Los vientos alisios al chocar contra la costa causan una surgencia de las aguas litorales profundas, que hacen más productivo el mar a lo largo de la costa occidental de La Guajira; generando lluvias abundantes en el piedemonte de la Sierra Nevada por la barrera que ejerce el lado noreste. Como consecuencia de este fenómeno el clima y la vegetación de la península son muy variados, desde las selvas hiperhúmedas en el piedemonte de la Sierra Nevada, con precipitaciones superiores a 3000 mm anuales, hasta los matorrales semidesérticos costeros al noreste, en donde las lluvias no superan los 300 mm por año. El monte subtropical que se extiende desde los municipios de Riohacha, Manaure y Maicao en la Media Guajira, hasta el sector central del municipio de Uribia, en la parte alta de la península, genera un déficit hídrico notorio en la zona, debido a los altos volúmenes de agua que se pierden por evapotranspiración que superan los volúmenes de agua precipitada a lo largo del año.

Ecosistema: los bosques existentes en parte de la península contrastan con el paisaje árido, de vegetación sérica, espinosa, de lento crecimiento que predomina en la mayor parte de ella. En la parte árida de la península de La Guajira corren innumerables arroyos torrenciales efímeros, muchos de los cuales cuentan con depósitos de agua naturales o mejorados denominados jagüeyes, utilizados para abastecimiento de agua para uso doméstico y para abrevar ganado. La mayoría de estos lugares permite que en su periferia prosperen parches de vegetación más exuberantes cerca de su desembocadura, los arroyos forman lagunas y marismas, rodeados por manglares, dispuestos en un cordón a lo largo de la costa occidental de la península.

En medio de la planicie árida del noreste se levanta Macuira, una pequeña serranía de aproximadamente 900 metros de altura, que atrapa la escasa humedad de los alisios, tornándolos más secos y dando origen a un extenso bosque de niebla, de este bosque 250 km^2 están protegidos como parque nacional natural de la Macuira.

El departamento de La Guajira, a pesar de encontrarse en la zona intertropical con variaciones mínimas de temperatura durante todo el año, sus características territoriales hacen que presente condiciones geológicas, geomorfológicas, edáficas, climáticas y ecológicas muy particulares, igualmente sus condiciones sociales y culturales lo diferencian notablemente de los otros departamentos del país.

Hay que destacar que las zonas de Bahía Portete, Punta Gallinas, Punta Agujas, Bahía Honda y Punta Arenas, ubicadas en el municipio de Uribia, debido a sus características bioclimáticas, se constituye como la más árida de Colombia, puesto que los vientos alisios aumentan las condiciones de sequedad y contribuyen con la aceleración de procesos erosivos. Adicionalmente, los volúmenes de evapotranspiración, superan en gran medida los de agua precipitada, ocasionando que la disponibilidad hídrica sea casi nula durante la mayor parte del año.

Cambio climático: la ocurrencia del fenómeno El Niño, en los últimos años, ha impactado mayormente en el departamento de La Guajira, debido a que La Guajira cuenta, en su mayor extensión territorial, con suelos semidesérticos. La alta evapotranspiración y el no contar con afluentes naturales en la zona norte y centro del departamento, la alta población wayuu que habita en territorio disperso (rancherías), con una economía precaria y el casi inexistente ingreso familiar, ha contribuido a generar una situación de crisis en el territorio wayuu; crisis que ha estado originada, fundamentalmente, por el deficiente suministro de agua y la precaria alimentación, lo cual impacta, negativamente, en la salud de la población wayuu, poniendo en riesgo la supervivencia de esta población milenaria.

Asentamiento territorial: la península de La Guajira y el noroccidente de Venezuela han sido habitadas desde época precolombina por aborígenes de la etnia wayuu, quienes, a diferencia de muchos otros grupos indígenas en Sudamérica, resistieron la conquista y dominación europea, logrando mantener su lengua, muchas de sus costumbres y manifestaciones culturales, aunque igualmente se apropiaron de muchas prácticas europeas, entre las más importantes podemos destacar: la cría y el aprovechamiento de ovejas, cabras y caballos, lo cual contribuyó a transformar su dieta alimentaria, desplazando, en cierta forma, a los herbívoros nativos como el venado, las dantas, etc.

Cultura: las creencias de la cultura wayuu son bastante diferentes a los mitos y creencias de la cultura occidental. Esto se puede evidenciar, principalmente, en la creencia que ellos tienen sobre sus dioses y sobre la creación de la Tierra.

Su creencia sobre la creación de la Tierra se encuentra basada en los diferentes dioses representados por la naturaleza como, por ejemplo, Mareiwa, que es su dios central y creador. Según el mito, este vivía cerca al Sol (Caí) y a la luna (Kachi), también vivían cerca de la lluvia (Juya) y muy lejos se encontraba la Tierra (Mma).

Otros dioses importantes para esta comunidad se representan por los esposos Pulowi y Juya. Pulowi es la mujer la cual representa la sequía y los vientos, mientras que Juya es el hombre que se entiende como un errante que mata y caza. Finalmente, se encuentra Wanülü que representa la muerte y las enfermedades.

Nacimiento: el nacimiento de los bebés en esta comunidad se da en la casa de la madre, la cual es asistida en el parto por su madre o por algún pariente cercano a ella. Para lograr asegurar que el bebé sobreviva, los integrantes de la familia o parientes que vivan en el hogar se tienen que alimentar de una dieta muy reducida, pues es más importante la salud del bebé. Este lleva la casta de la madre y el tío materno es quien tiene la autoridad antes que la mamá o el papá.

Iniciación: cuando la mujer llega a la pubertad, se le hace un reconocimiento especial, en el cual realizan una serie de ritos para el momento en que ellas reciben su primera menstruación, rito en el cual ellas deben pasar por un ayuno y aislamientos de por lo menos tres días, el cual se toma como una acción de purificación y paso a la adolescencia. Adicionalmente, durante este periodo de tiempo la preparan para la vida matrimonial, al principio la mujer es rapada totalmente y se acomoda en una hamaca cerca al techo de la casa. Es alimentada por vegetales especiales, es bañada con frecuencia y, finalmente, le enseñan los quehaceres del hogar como tejido, hilado, cuidados de los bebés y el embarazo.

Matrimonio: en cuanto al matrimonio, tanto los hombres como las mujeres se encuentran libres de escoger su pareja. El protocolo a seguir se basa en que el matrimonio se formaliza cuando la familia del novio dé una dote a la familia de la mujer, el cual puede estar constituido por animales o dinero, dependiendo de lo que ha sido pactado entre las familias. Si la familia no puede dar esta dote, es necesario que se busque la ayuda de amigos o parientes lejanos para conseguirlo.

Una vez se hace oficial el matrimonio, el novio se va a vivir a la ranchería de la familia materna de la novia y después de algunos años de matrimonio, ambos esposos podrán obtener una casa propia en la ranchería de la familia materna del esposo.

Muerte: la vida de los wayuu no se cree finalizada con la muerte, puesto que permanecen en constante contacto con los huesos del difunto.

Cuando un indígena muere, pronto se riega la noticia y así sus familiares o amigos de los diferentes clanes van al funeral del difunto en su respectiva ranchería. Mientras que las personas llegan al velorio a darle el pésame a la familia, esta se encarga de preparar al muerto en la habitación donde falleció, lo visten con su mejor traje y le abren la boca con el objetivo de darle dos litros de chirrinchi. Durante el funeral se preparan varias reses de la ranchería de la familia del difunto para brindar de comer a los visitantes para que, una vez saciados, puedan hablar positivamente del muerto y que estas reses acompañen al muerto a su nueva vida en Jepira, que es el más allá.

Una vez finalizando el funeral, los familiares se encargan de sacar el cadáver de la casa para llevarlo junto con los acompañantes que han ido al velorio al cementerio de la familia en donde entierran al difunto en una fosa común. Durante este momento, algunos familiares del difunto realizan varios tiros al aire para despedir al muerto de la Tierra, y acompañan, durante el velorio y el entierro, al cadáver, ya que creen que si no se acompaña al difunto este no podrá dejar en paz la Tierra para ir al más allá.

Una vez se termina el entierro, la familia del difunto da obsequios a los acompañantes. De acuerdo a su estatus económico, a los más ricos les obsequian desde toros hasta vacas y ron, mientras que el resto solo podrá recibir tabaco, chirrinchi y carnes para que coman durante el viaje de vuelta.

Después de diez o quince años del primer velorio, se realiza un segundo velorio al difunto, en el cual un hombre o una mujer se ofrecen para sacar los restos de la tumba. La persona elegida va al cementerio con un grupo de los familiares más allegados al difunto, un hombre se encarga de romper la bóveda y más adelante la persona indicada se encarga de quitarle los trajes al difunto y, continuamente, de sacar primero la cabeza y luego, delicadamente, el resto de los huesos. Los huesos son ubicados en una vasija de barro y llevados a la casa de la familia, en la cual se realizan varias festividades con abundantes bebidas y alimentos, con el objetivo de despedir al difunto, ya que será el último velorio. La encargada de sacar los huesos es bañada y vestida con una manta muy fresca y la ubican en un chinchorro donde le hacen varias actividades para mantenerla despierta todo el día y toda la noche. Al día siguiente, la alimentan y la dejan dormir. Los huesos finalmente son devueltos al cementerio y enterrados nuevamente en un lugar diferente al anterior y allí ya los dejan para siempre.

Economía: el pueblo wayuu, tradicionalmente se ha dedicado al pastoreo, actividad que se hizo muy importante en los siglos XVI y XVII. La cría de bovinos se considera, para los wayuu, la actividad más importante y le da un mayor posicionamiento económico y prestigio a quienes se dedican a esta actividad. La crianza de esta especie se ve limitada por las características del territorio, originadas estas limitaciones, esencialmente, por la relevante escasez de agua.

Generalmente, la actividad de cría de bovinos y caprinos es combinada con la agricultura de subsistencia, la cual se desarrolla en pequeñas huertas llamadas rosas (apain), donde los indígenas siembran maíz, frijol, yuca, patilla, melón y pepino.

Otras actividades desarrolladas por esta población son la pesca y la artesanía, esta última actividad, tradicionalmente es desarrollada por la mujer wayuu, hay que destacar que la explotación de sal y el turismo rural (rancherías turísticas), se han posicionado como actividades complementarias de la economía wayuu.

Habitabilidad: la escases de agua en la zona, objeto de este análisis, ha sido un gran desafío a resolver por parte del Gobierno, dado que dicho problema tiene su origen en la condición natural de suelos semidesérticos, la falta de fuentes superficiales, la limitación que presenta la captación de agua soportada en acuíferos, la cultura y la forma dispersa en que habita la población wayuu, agravada con la situación de disponibilidad de agua por el fenómeno El Niño en los últimos años, causas estas que han generado la sequía, factor determinante de la desnutrición del pueblo wayuu. Hay que destacar también, especialmente, la falta de un sistema de administración, operación y mantenimiento de la infraestructura, que permita hacer una eficiente producción, distribución y abastecimiento a la comunidad y el uso racional del agua acorde con las condiciones particulares del territorio.

Las condiciones descritas han degenerado en una situación crítica de carácter social que mantiene en riesgo la supervivencia de la población wayuu, que habita el territorio de la media y la Alta Guajira, en los municipios de Uribia, Manaure, Riohacha y Maicao. La falencia estructural en el sistema de abastecimiento, la limitación de la disponibilidad del recurso hídrico, la dispersión de la comunidad, el costo del abastecimiento y la precaria economía familiar, son factores determinantes que se necesitan intervenir desde una perspectiva distinta a la estrategia utilizada hasta ahora, para buscar una respuesta más adecuada a las particularidades de la población wayuu.

El agua, elemento esencial para la vida, es el principal reto que debe enfrentar el Gobierno para garantizar las condiciones de habitabilidad en el territorio y sobre todo preservar la salud de la población wayuu, de tal manera que se puedan neutralizar los problemas detectados de desnutrición y las enfermedades que se derivan de esta situación, lo cual pone en riesgo la existencia de esta población milenaria.

La estructuración de un modelo organizacional, acorde con las características diferenciales del territorio y su población, que permita un adecuado aprovechamiento de la infraestructura de abastecimiento, con el propósito de suministrar a la población en condiciones de calidad y regularidad, producida a un costo razonable, por lo menos una cantidad de agua correspondiente al consumo mínimo vital, de tal manera que se pueda garantizar la supervivencia de la población wayuu, que habita en condiciones inhóspita en territorio disperso en el departamento de La Guajira.

Consulta previa: derecho fundamental para la comunidad, ligado a la subsistencia de la etnia, a sus creencias, a su cultura, a sus usos y costumbres. Se fundamenta en el principio democrático, el derecho a la participación, el reconocimiento de la diversidad étnica y cultural de la nación.

Propósito: proteger la integridad cultural, social, económica y garantizar el derecho a la participación de los miembros de la etnia asentados en el territorio factible de afectación, se debe desarrollar cuando se toman medidas legislativas y administrativas que impacten el entorno territorial de la etnia y cuando se vayan a realizar proyectos, obras o actividades dentro de su territorio. El proceso de desarrollo actual de la consulta previa, presenta falencias muy significativas, las cuales se reflejan en la forma de interpretar la relación con la etnia por parte de las instituciones y las empresas que intervienen en el territorio del área de influencia. Entre las falencias del proceso podemos identificar:

1. Debilidad en el diseño, desarrollo y aplicación de políticas de tipo diferencial que interpreten la cultura, los usos y las costumbres de la etnia.
2. Débil capacidad de interlocución de la comunidad con los actores de interés en la intervención de su territorio.
3. Falta de instrumentos que faciliten el proceso de concertación.

4. Falta de compromiso empresarial con alcance de responsabilidad social.

OBJETIVOS ESPECÍFICOS:

1. Decidir sobre sus prioridades en los procesos de desarrollo que afecten su forma de vida, creencias, instituciones, cultura, usos y costumbres; como también el territorio en el cual habitan.
2. Participar en la formulación, desarrollo y evaluación de los planes y programas de desarrollo nacional y regional, que puedan afectarles de manera directa.
3. Cooperar con las instituciones públicas en la planeación, la gestión, el seguimiento y el control de programas y proyectos, (ambientales, de desarrollo económico, social y cultural) que impacten su asentamiento territorial.

FINALIDAD:

- Dotar a las comunidades de conocimiento pleno sobre los proyectos y las decisiones que les conciernen directamente, como los proyectos destinados a explorar o explotar los recursos naturales en los territorios que ocupan o les pertenecen.
- Dar a conocer los mecanismos, los procedimientos y las actividades requeridas para poner en ejecución el proyecto.
- Ilustrar a las comunidades sobre la manera cómo la ejecución de los proyectos puede conllevar afectación a los elementos que constituyen la base de su cohesión social, cultural, económica y política.
- Brindar la oportunidad a las comunidades para que, libremente y sin interferencias extrañas, mediante la convocato-

ria de sus integrantes o representantes, valoren conscientemente las ventajas y desventajas del proyecto.

- Oír a las comunidades, en relación con las inquietudes y pretensiones que tengan en lo que concierne a la defensa de sus intereses.
- Poder pronunciarse sobre la viabilidad del proyecto.
- Buscar el consentimiento libre e informado de las comunidades étnicas frente a las medidas que puedan afectar directamente sus intereses.

INSTRUMENTOS INSTITUCIONALES

- Constitución Política (artículo 330). **Parágrafo**. La explotación de los recursos naturales en los territorios indígenas se hará sin desmedro de la integridad cultural, social y económica de las comunidades indígenas. El Gobierno propiciará la participación de los representantes de las respectivas comunidades, en las decisiones que se adopten con relación a la explotación de los recursos naturales.
- Constitución Política (artículo 2-3 y 40). Derecho fundamental que tienen los pueblos indígenas y los demás grupos étnicos, buscando proteger su integridad cultural, social y económica y garantizar el derecho a la participación. Cuando se toman medidas legislativas y administrativas, cuando se vayan a realizar proyectos, obras o actividades dentro de sus territorios.
- Constitución Política (artículo 63). Los bienes de uso público, los parques naturales, las tierras comunales de grupos étnicos, las tierras de resguardo, el patrimonio arqueológico de la nación y los demás bienes que determina la ley, son inalienables, imprescriptibles e inembargables.

- Directiva Presidencial n.° 8 (9 de septiembre de 2020). «Política gubernamental mediante la cual se definen las etapas para el desarrollo de la consulta previa en el territorio wayuu».

    - √ Determinación de procedencia de la consulta.
    - √ Coordinación y preparación.
    - √ Preconsulta.
    - √ Consulta previa.
    - √ Seguimiento de acuerdos.

ANÁLISIS TERRITORIAL

Resguardo indígena: son propiedad colectiva de las comunidades indígenas, tienen el carácter inalienable, imprescriptible e inembargable.

Naturaleza jurídica: los resguardos son una institución legal y sociopolítica de carácter especial, conformados por una o más comunidades indígenas con título de propiedad colectiva, que goza de las garantías de la propiedad privada.

Manejo y administración: poseen su territorio y se rigen, para el manejo de este y de su vida interna, por una organización autónoma, amparada por el fuero indígena y por el sistema normativo propio.

Resguardo indígena wayuu: territorio habitado por la etnia wayuu. En este sistema, la delimitación geográfica y posesión familiar de la tierra está delimitada por referentes geográficos, como las fuentes de agua y los cementerios.

DIVISIÓN POLÍTICA-TERRITORIAL

- Municipio.
- Corregimiento.
- Resguardo.
- Parcialidad (comunidad).

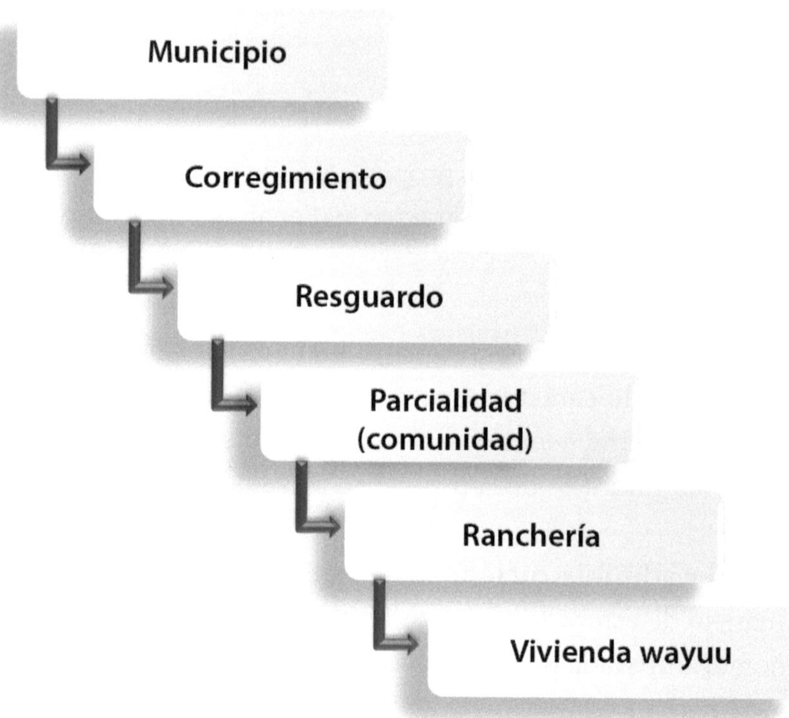

Figura 3. Estructura territorial

- **Municipio:** ente territorial.
- **Corregimiento:** territorio del municipio.

- **Resguardo:** territorio del municipio habitado por la etnia wayuu.
- **Parcialidad (comunidad):** territorio del resguardo habitado por la familia clanil, propietarios colectivos del territorio, regido por su autoridad ancestral / autoridad tradicional.
- **Ranchería:** asentamiento de la familia extendida, compuesta por viviendas familiares.
- **Vivienda wayuu:** espacio territorial donde habita la familia nuclear (padre, madre e hijos).

GOBIERNO WAYUU

- **Autoridad ancestral (A'laula):** autoridad clanil que adquiere un tío materno con valor ético e histórico de su tronco familiar, con capacidad de liderazgo y poder económico acumulado para garantizar y respaldar, ante los suyos, cualquier situación que les afecte. Asume la representación legal de la comunidad clanil y autonomía para organizar y coordinar las acciones que debe emprender la comunidad en relación con el desarrollo de su territorio.
- **Autoridad tradicional (decreto 2164 de 1995. Artículo 2):** son los miembros de una comunidad indígena que ejercen dentro de la estructura propia de la respectiva cultura, un poder de organización, gobierno, gestión y control social. La consulta previa, debe apuntar a la creación de valor compartido para construir y consolidar un ambiente de relación de compromiso (*Empowerment*), entre los actores directos e indirectos de interés, en la acción interviniente al territorio.
- Actores intervinientes:
  - √ Empresa.
  - √ Comunidad.
  - √ Gobierno.

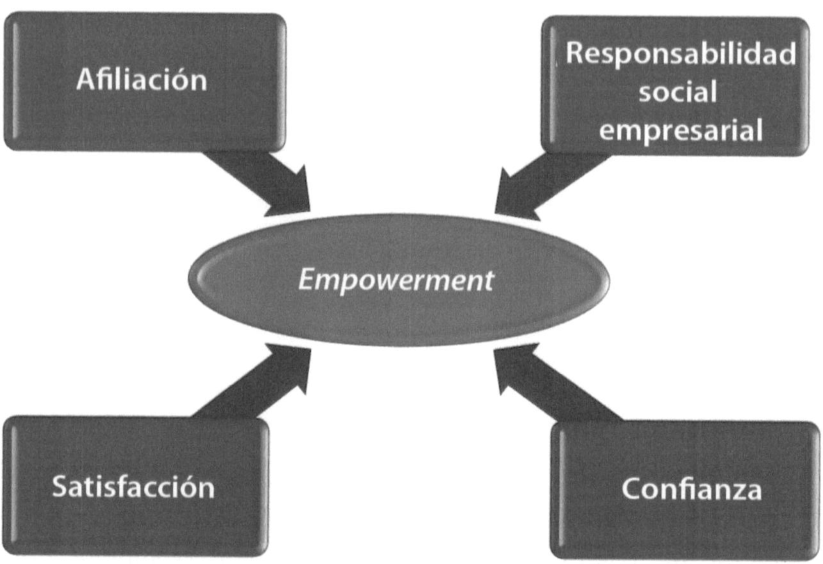

Figura 4. Cultura de compromiso (*Empowerment*)

Satisfacción: sentimiento generado a partir del relacionamiento comunidad-empresa. La satisfacción se logra a través de la participación de la comunidad en los temas factibles de afectar su cultura, usos y costumbres, el territorio del área de influencia y la concertación de los procesos de toma de decisiones que tienen que ver con su entorno y con el orgullo, satisfacción que genera a los líderes de la etnia el contribuir, a través de la concertación, con los resultados de la empresa dentro de un marco de beneficios compartidos y el respeto por la etnia.

Responsabilidad social empresarial: estrategia encaminada a impulsar el desarrollo económico y social, a través de programas y proyectos en el territorio que impactan, directamente, la vida de sus habitantes y de la comunidad, basándose en el respeto, en los valores, en el cuidado del medio ambiente y en la sostenibilidad; de tal manera que la empresa proyecte una imagen amigable y cercana que contribuya a generar confianza y credibilidad en la población del territorio objeto de afectación.

La credibilidad se incrementa cada vez más en la medida en que se consolida una relación de respeto a la autonomía de la comunidad y se reduce la generación de conflictos entre las partes.

Confianza: se da por la competencia y decisión de los directivos y líderes de la organización empresarial, por cuyo hábil manejo la empresa proyecta una imagen que garantiza la supervivencia en el futuro y, por tanto, el cumplimiento de los compromisos pactados.

Figura 5. Hoja de ruta Fase I

HOJA DE RUTA
FASE II
FORTALECIMIENTO ORGANIZACIÓN
Población objetivo
Visión compartida y entorno
Identificación y formación líderes
Taller de capacitación
Fortalecimiento de la organización

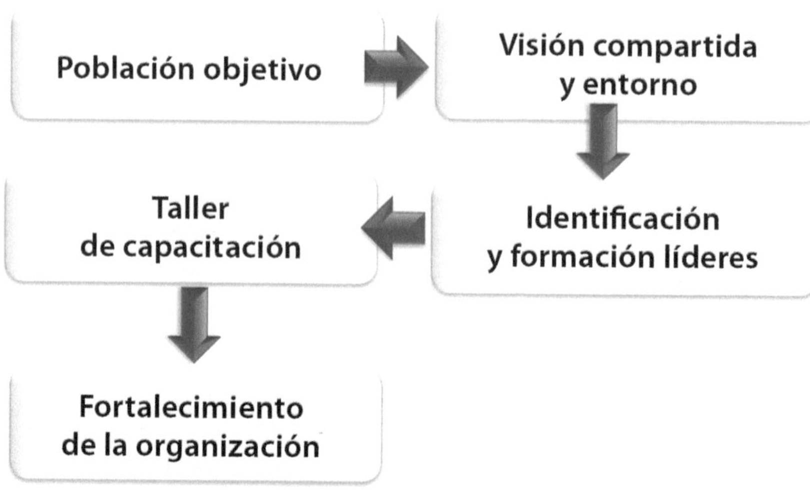

Figura 6. Hoja de ruta Fase II

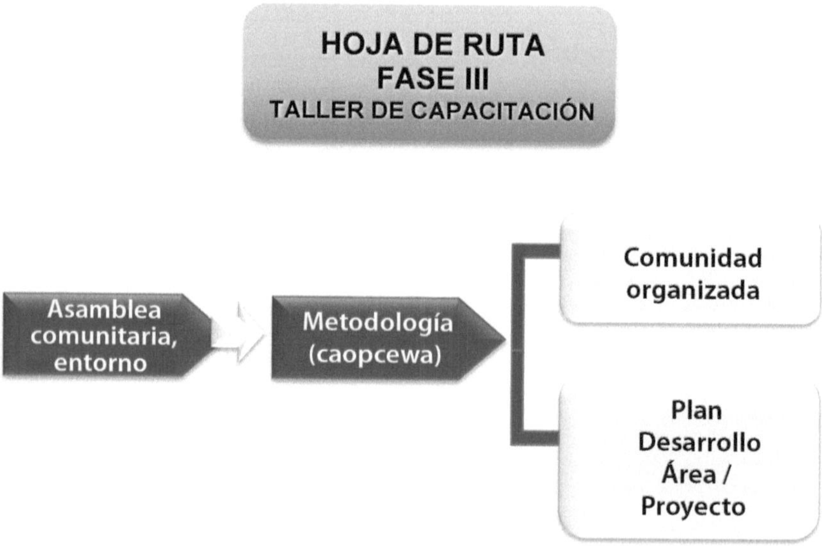

HOJA DE RUTA
FASE III
TALLER DE CAPACITACIÓN
Asamblea comunitaria, entorno
Metodología (caopcewa)
Comunidad organizada
Plan Desarrollo Área / Proyecto

Figura 7. Hoja de ruta Fase III

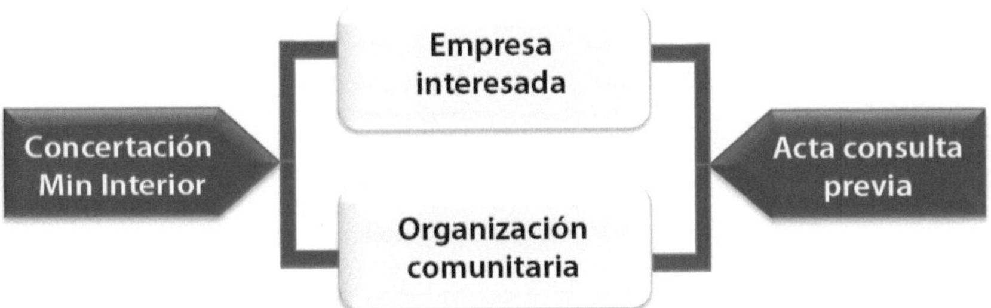

Figura 8. Hoja de ruta Fase IV

METODOLOGÍA (CAOPCEWA)

Taller de capacitación: tiene como objetivo generar capacidades básicas e instrumentos fundamentales a la comunidad wayuu para la interlocución y concertación con actores interesados en intervenir en su territorio, su cultura, sus usos y costumbres.

Metodología: capacitación para la organización y participación comunitaria de la etnia wayuu, metodología de tipo diferencial que interprete el acervo cultural de la etnia.

RESULTADOS ESPERADOS:

- Fortalecimiento de la organización comunitaria del área de influencia del territorio objeto de afectación.
- Capacidad básica de interlocución y concertación para la interrelación empresa-comunidad.
- Plan de vida del área de influencia del proyecto.

CAPÍTULO III

PANORAMA SOCIOECONÓMICO

PERIODO 1999-2002

Año	Actividad	%	Puesto nacional	Fuente
1999	Concentración de riqueza (distribución de ingreso)	66	Tercero	DNP
1999	Índice de especialización industrial	0,04	Último	DANE
1999	Nacional	1,15	Cuarto	DANE
2000	Línea de indígena	23,6	-----	DNP
2000	Línea de pobreza	56,6	Sexto	DNP
2001	Porcentaje de camas en hospitales por diez mil habitantes	6,2	Trasantepenúltimo	Ministerio de Salud
2001	Calidad de servicio de energía eléctrica	1,33	Penúltimo	Cepal
2001	Calidad de los colegios	-----	Antepenúltimo	Icfes
2001	Tasa de analfabetismo de quince a más años	15,7	Último	DNP
2002	Capacidad de oferta para el desarrollo tecnológico	1	Último	Cepal
2002	Inversión pública, según prioridades	1,3	Último	Cepal
2002	Meritocracia en la administración pública	1	Último	Cepal
2002	Imagen internacional	1,3	Último	Cepal
2002	Prioridad de la calidad de vida en políticas ajenas	1	Último	Cepal
2002	Prioridad del comercio internacional en política regional	1,67	Último	Cepal

Año	Actividad	%	Puesto nacional	Fuente
2002	Docentes en doctorados	0	Último	Cepal
2002	Vínculos entre empresas y centros de investigación	1,33	Último	Cepal
2002	Flexibilidad para lograr nuevos retos económicos y sociales	2	Último	Cepal
2002	Disposición en actualización tecnológica	0	Último	Cepal
2002	Calidad de gerencia	1,67	Último	Cepal
2002	Uso de herramientas de planeación	1,67	Último	Cepal
2002	Cobertura de acueductos por hogares	68	Trasantepenúltimo	DANE-DNP
2002	Cobertura de alcantarillado por hogares	35	Trasantepenúltimo	DANE-DNP
2002	Formación en ciencia en el sistema educativo	1	Último	Cepal

Fuente. Cepal, DNP, DANE.
Cálculos. Confecámaras.

ÍNDICE DE DESARROLLO 2000-2007

Evolución económica y social de la población analizada a través del índice de desarrollo alcanzado por cada municipio y departamento en el periodo 2000-2007 con los ingresos totales recibidos en el respectivo periodo.

ALBANIA

	2000	2001	2002	2003	2004	2005	2006	2007
Ingreso total	---	6440	8055	10 194	16 971	23 128	33 400	42 509
Regalías	708	3873	4384	6392	3516	14 049	22 695	32 174
IDM (%)	36,73	51,20	53,44	51,62	53,08	54,48	55,68	56,91

Este municipio en el periodo 2000-2007, tuvo un ingreso total de $140 696 millones, el Índice de Desarrollo Municipal en el año 2007 alcanzó un 56,91 %. Es importante destacar que los ingresos de este municipio presentan un incremento significativo del 150 % durante el periodo 2004-2007, pasando de $16 971 millones en el 2004 a $42 509 millones en el 2007.

Se observa que el municipio, con una población de 22 121 habitantes (proyección DANE, 2007), en el periodo analizado, es el que más recibió regalías en el departamento, proveniente, en su gran mayoría, del complejo carbonífero del Cerrejón.

BARRANCAS

	2000	2001	2002	2003	2004	2005	2006	2007
Ingreso total	22 732	20 722	17 656	17 704	19 884	18 648	19 334	37 076
Regalías	7688	14 970	7629	8408	9361	6553	10 587	17 104
IDM (%)	47,98	50,38	48,18	47,54	46,36	46,34	58,55	61,47

El ingreso total en el periodo 2000-2007 fue de $173 754 millones y en el 2007 su Índice de Desarrollo Municipal fue de 61,47 %. Los ingresos totales del municipio están altamente influenciados por las regalías provenientes de la explotación de carbón. El IDM presenta un incremento significativo en los años 2006 y 2007, con relación a los años anteriores.

DIBULLA

	2000	2001	2002	2003	2004	2005	2006	2007
Ingreso total	6242	5801	5889	7313	7255	7759	9247	12 801
Regalías	---	---	---	---	---	---	1269	4,926 1
IDM (%)	37,63	38,06	34,53	34,84	34,44	34,17	41,12	45,58

En el periodo 2000-2007 los ingresos totales para el municipio alcanzaron $62 308 millones, con un IDM en el 2007 de 45,58 %.

Es importante destacar que el periodo 2005-2007 el IDM tuvo un crecimiento significativo de doce puntos, siendo un índice muy bajo aún, que demuestra el atraso en el cual se encuentra este municipio.

DISTRACCIÓN

	2000	2001	2002	2003	2004	2005	2006	2007
Ingreso total	1785	1947	2572	2327	2298	3419	5436	4915
Regalías	---	---	---	---	---	16	165	79
IDM (%)	37,96	38,53	37,65	37,83	36,94	38,09	49,98	51,27

Los ingresos totales durante el periodo 2000-2007 fueron de $24 498 millones, alcanzando un IDM, en el 2017, de 51, 27 %.

Es importante destacar que en el periodo 2005-2007 se dio un crecimiento de trece puntos en el IDM; sin embargo, debido al rezago del índice en años anteriores, aún se refleja el nivel de atraso en el que se encuentra este municipio.

EL MOLINO

	2000	2001	2002	2003	2004	2005	2006	2007
Ingreso total	599	354	3063	1531	1322	2813	3161	3931
Regalías	---	---	---	---	---	66	35	180
IDM (%)	42,18	48,83	43,50	45,48	40,94	40,06	55,08	57,79

Los ingresos totales en el periodo 2000-2007 alcanzaron $16 775 millones y el IDM para el 2007 fue de 57,79 %.

En el periodo 2005-2007 el IDM se incrementó significativamente 18 puntos, lo que refleja un mejoramiento en la gestión institucional.

FONSECA

	2000	2001	2002	2003	2004	2005	2006	2007
Ingreso total	4417	3407	4870	4702	6416	6416	8294	6962
Regalías	---	---	---	---	---	29	238	132
IDM (%)	42,28	42,34	43,08	41,86	43,78	42,32	59,57	61,42

Durante el periodo 2000-2007 los ingresos totales por el municipio fueron $45 484 millones y el IDM en el 2007 alcanzó la cifra de 61,42 %, incrementando diecinueve puntos en el índice a partir del año 2005, reflejando un mejoramiento en la gestión institucional.

HATONUEVO

	2000	2001	2002	2003	2004	2005	2006	2007
Ingreso total	8315	7027	6841	6744	12 046	16 686	21 164	19 534
Regalías	3067	4717	2901	3596	6246	11 572	15 455	16 167
IDM (%)	39,09	39,24	40,67	40,51	42,35	42,90	54,96	59,74

Los ingresos totales para el periodo 2000-2007 alcanzaron la cifra de $98 358 millones y el IDM para el 2007 fue de 59,74 %, incrementando el índice en diecisiete puntos desde el 2005 hasta el 2007, reflejando un mejoramiento en la gestión institucional. En este municipio, los ingresos totales están altamente influenciados por las regalías provenientes de la explotación del carbón.

LA JAGUA DEL PILAR

	2000	2001	2002	2003	2004	2005	2006	2007
Ingreso total	1941	1296	1844	2415	2535	3566	3565	3603
Regalías	---	---	---	---	---	22	95	151
IDM (%)	29,80	31,48	32,27	33,14	32,01	32,81	56,59	61,29

Los ingresos totales para el periodo 2000-2007 fueron de $20 766 millones. En el periodo 2005-2007, el IDM pasó de 32,81 % al 61,29 %, con un incremento de veintiocho puntos en el indicador, lo cual refleja un buen resultado de la gestión en estos años. Es el municipio de La Guajira con menor población y registra una de las menores cifras por concepto de ingresos totales, durante el periodo objeto de estudio, con muy bajo impacto por concepto de regalías.

MAICAO

	2000	2001	2002	2003	2004	2005	2006	2007
Ingreso total	33 990	10 913	26 161	27 146	27 747	63 315	113 117	92 447
Regalías	1973	9037	9952	13 501	7838	6933	44 147	3588
IDM (%)	37,70	41,79	38,34	41,56	37,74	36,74	45,41	52,40

Los ingresos totales para el periodo 2000-2007 alcanzaron la cifra de $374 837 millones y el IDM para el 2007 se ubicó en

52,40 %. Los ingresos totales de este municipio se incrementaron significativamente a partir del año 2005, observándose un fuerte impacto por concepto de regalías en la vigencia del año 2006; sin embargo, en el 2007, los ingresos por este concepto registraron una de las cifras más bajas durante el periodo analizado.

El IDM en el periodo 2005-2007, se incrementó en quince puntos. Hay que señalar que la población de Maicao, según la proyección DANE para el año 2007, fue de 131 285 habitantes (segunda en el departamento después de Riohacha).

MANAURE

	2000	2001	2002	2003	2004	2005	2006	2007
Ingreso total	15 205	---	25 077	---	23 791	28 832	32 594	29 125
Regalías	6673	16 270	16 171	16 782	14 922	15 706	18 899	19 253
IDM (%)	13,03	13,10	15,78	15,28	15,01	14,86	24,17	27,08

Los ingresos totales para el periodo 2000-2007 alcanzaron la cifra de $154 623 millones (sin incluir los años 2001 y 2003, que no hubo reporte de información), el IDM para el 2007 se ubicó en 27,08 %.

A pesar del incremento que hubo, este índice de doce puntos se evidenció a partir del año 2006, y registró el más bajo nivel del departamento, lo que denota la situación de atraso que ha tenido este municipio.

Es importante destacar que la mayor fuente de ingresos la constituye las regalías por la explotación de gas y de sal.

RIOHACHA

	2000	2001	2002	2003	2004	2005	2006	2007
Ingreso total	6887	14 910	20 574	24 342	21 497	25 099	30 898	52 121
Regalías	---	---	---	---	---	865	975	15 463
IDM (%)	38,30	40,69	40,24	42,30	40,27	40,98	55,57	57,11

Los ingresos totales para el periodo 2000-2007 alcanzaron $196 328 millones y el IDM para el 2007 fue de 57,11 %, el cual se incrementó a partir del año 2006 en dieciséis puntos.

Es importante destacar la tendencia creciente de los ingresos totales por el impacto de las regalías recibidas a partir del año 2005, aun así, el IDM es de los más bajos de las ciudades capitales de la costa Caribe y del país.

SAN JUAN DEL CESAR

	2000	2001	2002	2003	2004	2005	2006	2007
Ingreso total	5544	6951	7062	6478	6505	5052	10 981	15 362
Regalías	---	---	---	---	---	115	159	168
IDM (%)	38,21	40,04	39,44	38,53	37,29	38,30	60,20	59,70

Los ingresos totales de este municipio desde el 2000 hasta el 2007 alcanzaron la cifra de $63 935 millones y un IDM del 59,70 % en el 2007, con un incremento de veintiún puntos en relación con el IDM del año 2005.

A partir del año 2006, los ingresos se elevaron un 77 % en relación con el año inmediatamente anterior y en el 2007 tuvo un incremento del 39 % con respecto al 2006.

Es importante destacar que San Juan del Cesar no percibe ingresos significativos por concepto de regalías.

URIBIA

	2000	2001	2002	2003	2004	2005	2006	2007
Ingreso total	15 276	17 743	19 827	25 651	27 743	39 200	48 057	58 585
Regalías	4139	10 702	7865	8486	7751	15 542	20 534	34 381
IDM	7,51	13,65	3,39	10,64	12,28	10,69	16,50	29,81

Los ingresos totales de Uribia durante el periodo 2000-2007 fueron de $261 633 millones. Las regalías percibidas se incrementaron en un 121 % entre el año 2005 y el año 2007.

El IDM para el año 2007 fue de 29,81 %, este índice se incrementó en veinte puntos con relación al 2005. Este municipio presenta un IDM muy bajo, el penúltimo en el *ranking* departamental.

Su elevada población (128 473 habitantes, proyección DANE 2007), su alta extensión geográfica, su condición de territorio indígena y la cultura usos y costumbres de la etnia wayuu que habita el territorio, explican la necesidad de una política pública que interprete las condiciones particulares de la Alta Guajira.

URUMITA

	2000	2001	2002	2003	2004	2005	2006	2007
Ingreso total	2118	---	4021	2535	4492	3422	4260	3692
Regalías	---	---	---	---	---	26	165	93
IDM	38,95	39,02	37,85	38,44	38,98	38,45	47,76	52,28

Los ingresos totales durante el periodo 2000-2007 alcanzaron la cifra de $24 539 millones y su IDM se ubicó en 52,28 % para el 2007, con un incremento de catorce puntos entre 2005 y 2007.

VILLANUEVA

	2000	2001	2002	2003	2004	2005	2006	2007
Ingreso total	3355	2529	---	3113	4611	4993	8123	9761
Regalías	---	---	---	---	---	140	75	465
IDM	40,92	40,43	40,33	40,90	41,26	41,15	59,19	63,82

Los ingresos totales durante el periodo 2000-2007 alcanzaron la cifra de $36 485 millones (no registra información reportada al DNP en el año 2002) y su IDM para el año 2007 se ubicó en 63,82 %, reflejando un incremento de veintidós puntos desde el 2005 hasta el 2007.

Se observa una tendencia creciente en los ingresos totales, mostrando un resultado creciente en el periodo analizado; desempeño que se ve claramente reflejado en el IDM, **ubicándolo en el primer lugar en el *ranking* municipal**.

VALORACIÓN DE LA GESTIÓN

Para valorar la gestión, en un primer escenario (veinte años después de iniciada la explotación del carbón), se toma como parámetro el Índice de Desarrollo (ID), indicador que mide el nivel de satisfacción que genera la inversión en la sociedad en términos económicos, social y ambiental.

IDD: Índice de Desarrollo Departamental.
IDM: Índice de Desarrollo Municipal.

***RANKING* MUNICIPAL**
2000-2007

Ranking	Municipio	IDM2007	Ingreso per cápita anual($0000)	Regalías acumuladas($000 000)
1	Villanueva	63,82	398	680,38
2	Barrancas	61,47	1320	82 299,74
3	Fonseca	61,42	246	398,67
4	La Jagua del Pilar	61,29	1277	267,77
5	Hatonuevo	59,74	1087	63 722,34
6	San Juan del Cesar	59,70	439	441,24
7	El Molino	57,79	515	281,26
8	Riohacha	57,11	282	17 303,44
9	Albania	56,91	1922	87 790,55
10	Maicao	52,40	704	97 069,99
11	Urumita	52,28	259	284,38
12	Distracción	51,27	384	290,83
13	Dibulla	45,58	536	6658,33
14	Uribia	29,81	534	109 569,30
15	Manaure	27,08	393	124 676,02

Este análisis nos permite observar el nivel de desarrollo que ha alcanzado cada municipio y el nivel de eficiencia con que han manejado los recursos las correspondientes administraciones.

Llama la atención Albania que con el mayor ingreso per cápita ($1 922 000) ocupa el noveno lugar en el *ranking* municipal y Manaure y Uribia, cuyos índices de desarrollo municipal son los más bajos, siendo, entre los dos, Manaure el más crítico.

Fonseca con el ingreso per cápita de $246 000 se iguala en IDM a Barrancas con un ingreso per cápita de $1 320 000.

Es importante destacar el atraso de Riohacha y de Maicao, por tratarse de dos poblaciones determinantes en el desarrollo del departamento, no solo por su número de población sino también por su condición de referentes como ciudad capital, en el caso de Riohacha y ciudad fronteriza y comercial en el caso de Maicao.

DEPARTAMENTO
REGALÍAS DIRECTAS 1994-2009

Año	Regalías directas ($000 000)
1994	7683,30
1995	6994,02
1996	14 586,66
1997	19 414,39
1998	21 651,56
1999	26 385,00
2000	32 792,99
2001	83 077,66
2002	76 708,13
2003	95 691,00
2004	88 398,50
2005	120 669,90
2006	135 150,51
2007	161 385,59
2008	253 354,00
2009	143 421,00
Total	1 287 364,21

ÍNDICE DE DESARROLLO DEPARTAMENTAL
2000-2007

Año	IDD
2000	32,91
2001	35,37
2002	34,14
2003	34,76
2004	33,81
2005	33,65
2006	43,76
2007	48,67

Es importante destacar que el Índice de Desarrollo Departamental (IDD) pasó de 33,65 % en el año 2005 al 48,67 % en el año 2007, con un crecimiento de quince puntos, lo cual muestra una mejora importante en la gestión institucional en este periodo pero, debido al rezago histórico, el Índice de Desarrollo del Departamento continúa siendo uno de los más bajos a nivel nacional.

Esta situación es el reflejo del nivel de subdesarrollo de esta región del país, lo cual tiene como origen, fundamentalmente, el abandono histórico de este territorio por parte del Estado, situación que ha generado un pasivo social del Gobierno con la sociedad guajira. También es importante reconocer la debilidad estructural en cuanto a la gestión institucional desde la región, ya que los ingresos percibidos desde mediados de la década de los ochenta, por concepto de regalías, no muestran un avance significativo en cuanto al bienestar de la sociedad guajira.

Esto obliga, indiscutiblemente, a pensar en un nuevo estilo de dirección en cuanto a la gestión departamental y municipal, a efectos de propiciar una cultura institucional orientada hacia una gestión eficaz que permita al departamento recuperar la deuda histórica de la nación con este territorio y desarrollar estrategias innovadoras que permitan definir una visión comprendida y compartida por los actores intervinientes del entorno territorial, definir propósito, priorizar inversión y el uso eficiente de los recursos, de tal manera que se pueda emprender un nuevo modelo de gestión que permita la transformación económica y social del territorio.

MDM (MEDICIÓN DEL DESARROLLO MUNICIPAL) 2018
CALIFICACIÓN DE MUNICIPIOS POR DEPARTAMENTOS
(Calificación alta, media y baja)

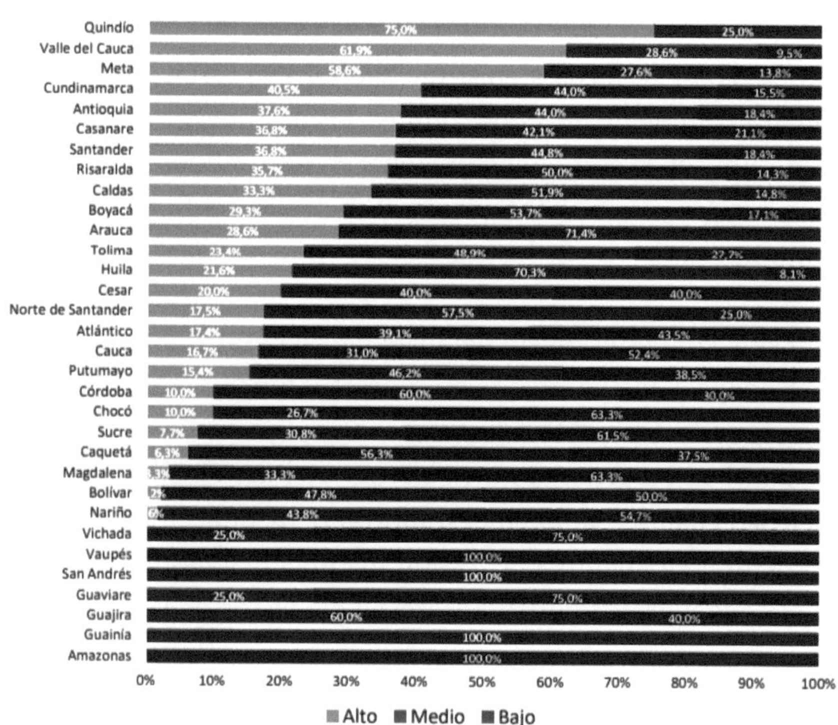

Fuente. DNP (Departamento Nacional de Planeación).

NIVELES DE COMPETITIVIDAD (AÑO 2015)

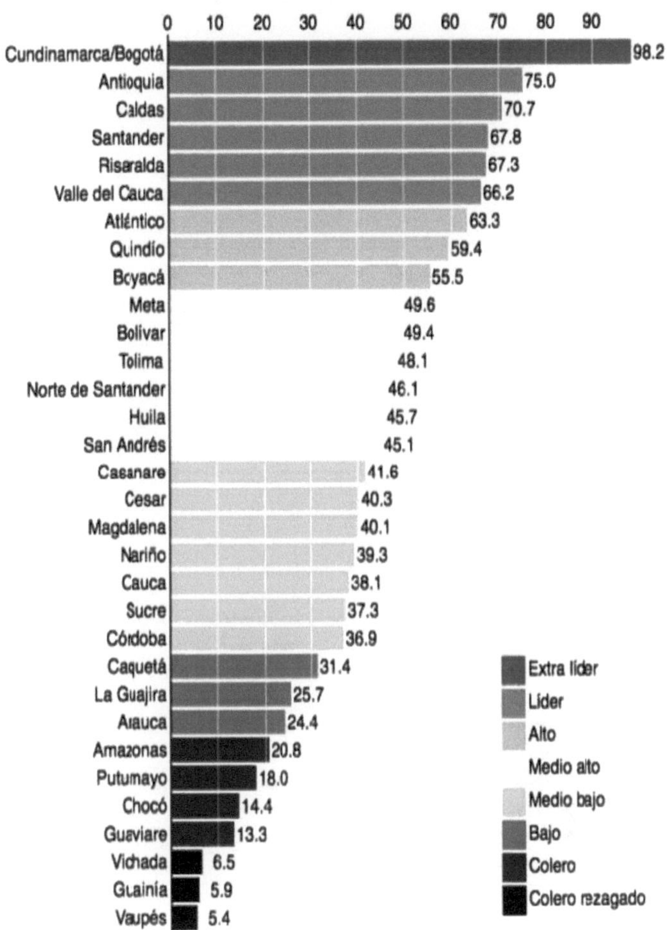

Fuente. Naciones Unidas-CEPAL.

ÍNDICE DEPARTAMENTAL DE COMPETITIVIDAD (AÑO 2019)

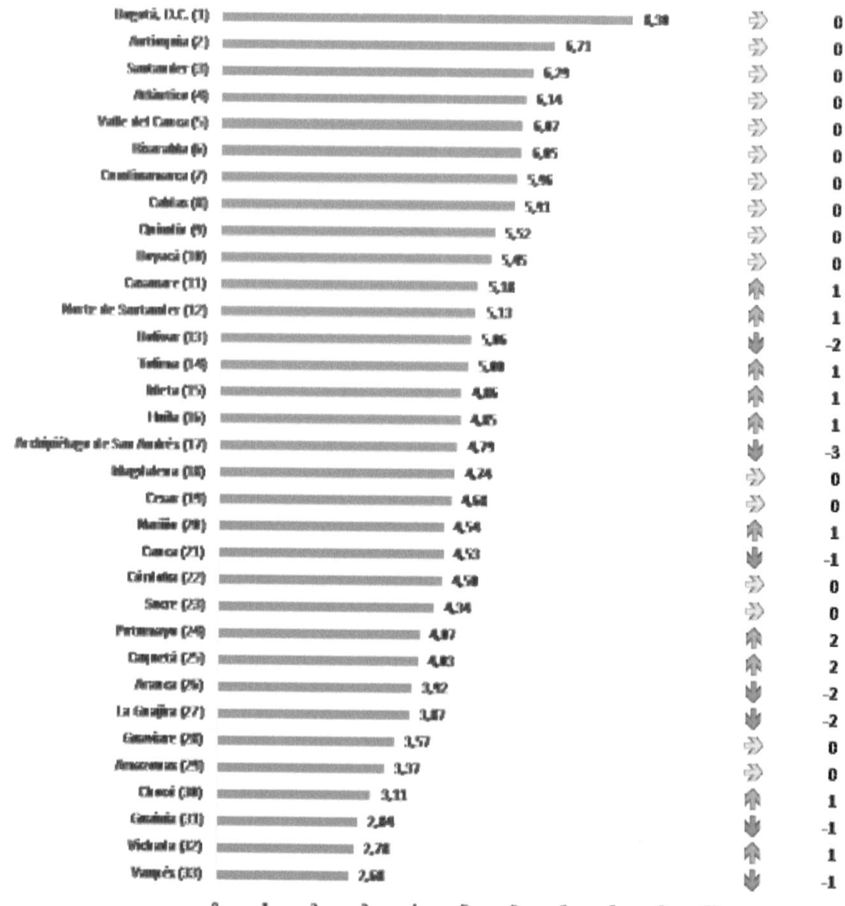

Fuente. Consejo privado de competitividad.

INCIDENCIA DE POBREZA MONETARIA
Departamentos, GEIH 2018-2019

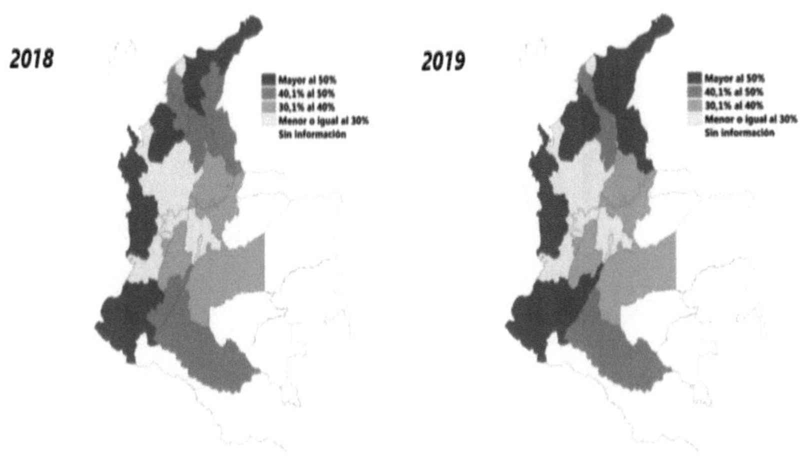

Fuente. DANE. Gran enuesta Integrada de Hogares (DGIH) 2018-2019

INCIDENCIA DE POBREZA MONETARIA
ACTUALIZACIÓN METODOLÓGICA
Departamentos (2018-2019)

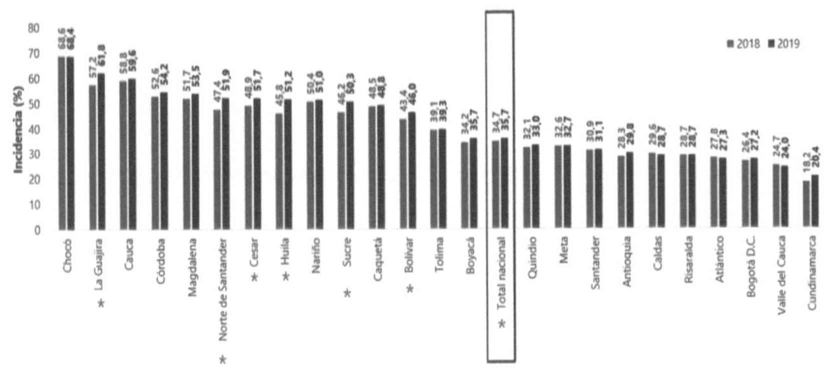

Fuente. DANE. Gran Encuesta Integrada de Hogares)GEIH) 2019-2019

INCIDENCIA DE POBREZA MONETARIA ACTUALIZACIÓN METODOLÓGICA
Departamentos (2018-2019)

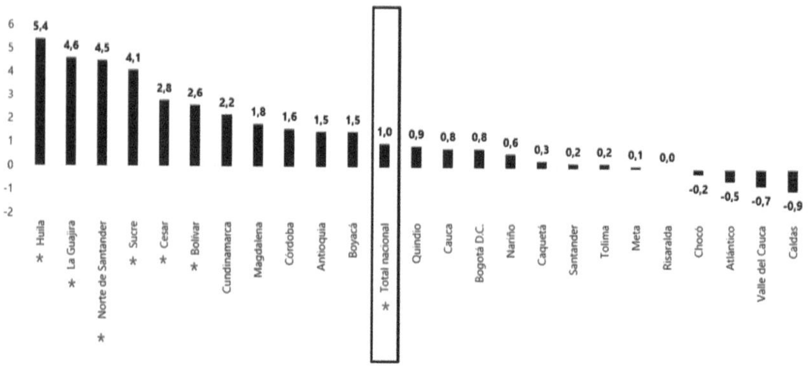

Fuente. DANE. Gran Encuesta Integrada de Hogares)GEIH) 2019-2019

Tras muchos años de actividad económica, pero sin resultados relevantes en cuanto al desarrollo económico y social de la sociedad guajira, se hace indispensable diseñar nuevas estrategias para recomponer el modelo de gestión existente y establecer un nuevo sistema organizacional que permita alcanzar una mayor efectividad en la gestión pública y privada, orientada al emprendimiento, a la sostenibilidad, a la inclusión social y a la participación comunitaria, a través de redes de gestión productiva y de cooperación social, capaces de contribuir al desarrollo económico y social de la sociedad guajira.

Con las mismas estrategias se obtendrán siempre los mismos resultados: si las condiciones que se tienen ahora no garantizan existencia digna, justa y confiable, nos corresponde reformar la manera cómo hemos llegado aquí, ya que toda situación es susceptible de mejorar; por lo tanto, proponemos una nueva estrategia que permita la transformación del entorno a través de un modelo de desarrollo que impulse la prosperidad económica con solidaridad social.

CAPÍTULO IV

TRANSFORMACIÓN SOCIOECONÓMICA

En su libro, *La sociedad poscapitalista,* Peter Drucker (1993) afirma:

> Cada ciento de años ocurre en la historia de Occidente una notable transformación. En términos de pocos decenios la sociedad es reacomodada en su visión mundial, en sus valores básicos, en su estructura social y política, en sus artes y en sus instituciones claves.

Después de la Revolución norteamericana, en 1776, año en que Watt perfeccionó la máquina de vapor y Adam Smith escribió *La riqueza de las naciones*, comenzó la transformación que llegó a su término cuarenta años después, años durante los cuales nacieron los «ismos» modernos: como el capitalismo, el comunismo, también, la revolución industrial, la creación en 1809 de la Universidad Moderna (Berlín) y la escolaridad universal. Esos cuatro decenios trajeron la emancipación de los judíos y en 1815, los Rothschild (familia de origen judío-alemán, dinastía de financieros y banqueros) se convirtieron en la gran potencia que eclipsó a reyes y príncipes. Esos cuarenta años produjeron en realidad una nueva civilización europea.

Doscientos años después, vivimos un periodo de transformación, en el cual uno de los cambios fundamentales en esta época es que ya no hay una historia occidental ni siquiera civilización occidental, solo hay historia universal y civilización universal, se discute si la transformación actual empezó hacia 1960 con el surgimiento de Japón, como primer país no europeo en convertirse en una gran potencia económica o con el uso del computador cuando la información se hizo central. Peter Drucker, apartándose de estos conceptos afirma, que fue a partir de la segunda Guerra Mundial, con la declaración de los derechos de los veteranos norteamericanos.

Es importante destacar que en un periodo de ciento cincuenta años, desde 1750 hasta 1900, el capitalismo y la tecnología conquistaron al mundo y crearon una civilización global; transformación fundamentada en un cambio en el significado del conocimiento, este antes había sido aplicado al **ser**, después empezó a aplicarse al **hacer** y en la sociedad moderna comienza a aplicarse, además del **ser** y del **hacer**, al saber, al mismo **conocimiento**. Peter Drucker, el primero de los futuristas analíticos y el primero de los filósofos de la administración, en su libro *La sociedad poscapitalista* (1993), también afirma que «Vivimos ahora una transformación que está creando la sociedad poscapitalista».

Soportado en este autorizado concepto, se plantea el quiebre histórico como una estrategia innovadora para iniciar un proceso de transformación de la sociedad guajira, mediante el cual esta debería reacomodar su visión de desarrollo, sus valores básicos, su proceder político, sus instituciones y su estructura económica y social para romper los paradigmas del pasado, condicionado por su legado cultural y la falta de políticas públicas que interpreten las condiciones específicas del territorio y de su cultura, lo cual ha inducido a acumular un alto pasivo económico social del Estado con esta región del país.

El propósito de la estrategia planteada es construir y consolidar un nuevo estilo de relacionamiento en lo económico y en lo social para lograr la ruptura con el modelo tradicional, a través de un nuevo contrato social. Para la estructuración y el desarrollo de este modelo, se hace necesario definir una ruta capaz de orientar estrategias y procedimientos encaminados a desarrollar acciones que conduzcan a la prosperidad económica y a la solidaridad social, de manera que se garantice el beneficio colectivo y la libertad del individuo.

El quiebre histórico: debe entenderse como el paso del modelo tradicional a un nuevo modelo de desarrollo, basado en un nuevo contrato social, cuyo propósito es buscar el equilibrio entre la prosperidad económica y la solidaridad social, dentro del principio de la libertad.

El nuevo contrato social: se plantea como el marco normativo en el cual se estimula la gradual convergencia del interés individual con el interés colectivo que persigue la sociedad a largo plazo.

Hernando De Soto, presidente del Instituto Libertad y Democracia (ILD), considerado por Bill Clinton el economista más importante en el mundo, y

> elegido por la revista *Times*, en 1999, como uno de los mayores innovadores latinoamericanos del siglo XX, también destacado por la revista *Forbes* como uno de los quince innovadores «quien reinventará su futuro». El suplemento dominical de *New York Time* escribió para los líderes de los países pobres, el evangelio económico de De Soto, es una de las cosas más esperanzadoras que han oído en años. La revista *The Economist*, identificó al Instituto Libertad y Democracia (ILD) entre los más importantes centros de investigación de políticas públicas en el mundo. (Ducker, 2004)

De Soto trabaja con el ILD en África, Asia, Medio Oriente, América y la antigua Unión Soviética, desarrollando proyectos para capitalizar a los pobres y a las clases medias. En su libro, *El misterio del capital,* plantea que en los países en vías de desarrollo y en los que salen del comunismo, los pobres han acumulado los activos necesarios para obtener mejores resultados económicos y sociales, afirma que el valor de esos ahorros es varias veces mayor al tamaño de sus bolsas de valores y toda la ayuda extranjera recibida desde 1945. ¿Por qué, entonces, se encuentran tan subdesarrollados nuestros países? ¿Por qué no convertir sus activos en capital líquido? Tipo de capital que genera riqueza. Así mismo, revela a través de sus escritos, cómo funciona en la práctica el proceso creador de capital que se encuentra oculto en el fondo de las leyes que rigen la propiedad de los países ricos. De Soto, no solo se queda en el análisis, también plantea derroteros para establecer este proceso en nuestras sociedades, centrando su propuesta en un nuevo contrato social.

El nuevo contrato social debe convertirse en el marco de referencia para la articulación de aspiraciones individuales, utilizando como herramienta la conformación de redes de desarrollo económico y de cooperación social, con el propósito de alcanzar resultados colectivos que persigue la sociedad en el largo plazo. El desarrollo tiene mucho que ver con este tipo de contrato social entre las personas y permite a los integrantes de la sociedad cooperar y dividir el trabajo de manera que el desarrollo se vuelva sostenible.

El contrato social, como estrategia de desarrollo, le genera, la oportunidad, a los países, de escapar de la pobreza y crear riqueza, a medida que su contrato social se integre a sus leyes; por tal razón, el desafío está planteado en términos de cómo avanzar en este tipo de transformación.

Dice de Soto (2000): «La riqueza de las naciones dependerá, en términos generales, de la capacidad de sus líderes para crear órdenes legales que reflejen y articulen, adecuadamente, el contrato social de sus pueblos».

Este contrato social debe ir encaminado a regular la propiedad de modo satisfactorio para todos, buscando mecanismos de entendimiento en las diversas comunidades, a través de estrategias que permitan animarlas a crear un sistema legal que lleve a los ciudadanos a cooperar para crear capital económico y social. Para su aplicación y desarrollo, el contrato social se debe apalancar con un sistema de propiedad sostenible que, al igual que el dinero, son creaciones humanas, lo que depende totalmente del consenso.

Se trata, entonces, de consolidar la sociedad que podamos tener a través de un nuevo contrato social, basado en el libre mercado y en la democracia participativa, soportado por un liderazgo efectivo; de tal manera que permita construir una nueva cultura social basada en el compromiso colectivo, teniendo como eje el desarrollo endógeno sostenible y como propósito superior, el bienestar social. En conclusión, se puede afirmar que la fórmula es aprender a cooperar para así prosperar de una manera sostenible.

Para tal efecto, el quiebre histórico se plantea como una estrategia innovadora para romper los paradigmas del pasado que han condicionado la cultura social.

Es la transformación, un proceso que debe construirse a través de la cadena de valor que tenga como propósito superior el desarrollo endógeno sostenible, de tal manera que permita desarrollar la misión encomendada, enmarcada en una visión comprendida y compartida por los estamentos de la sociedad. Para tal efecto, se hace necesario construir una cultura que genere compromiso con el nuevo modelo de desarrollo y que procure un equilibrio entre la prosperidad económica y la solidaridad social.

La ruta propuesta conduce a la organización a buscar resultados de excelencia en el desarrollo de la gestión, basada en un propósito superior, en una visión de largo plazo, en una misión plenamente definida, en el trabajo por proyectos, en la contribución individual y en la sinergia (trabajo en equipo), en procura de un resultado colectivo, soportado en el desarrollo y en el crecimiento personal y la conformación de equipos de trabajo de alto rendimiento.

Desarrollo sostenible: entiéndase por desarrollo sostenible la acción encaminada a lograr la satisfacción de necesidades de las generaciones presentes, preservando el derecho de las generaciones futuras, teniendo como propósito, la transformación del entorno, utilizando como estrategia el desarrollo económico y social incluyente. Para avanzar en este propósito, se hace necesario hacer del departamento una organización integradora del desarrollo territorial.

La estrategia propuesta va encaminada a construir, en los próximos años, una sociedad próspera, con una dirigencia reconocida y respetada, con condiciones para diseñar e implementar instituciones con capacidades básicas para liderar procesos de transformación económica y social, soportada por un capital humano competente, capaz de promover la inversión y participación en la transformación de sus activos para generar riqueza y consolidar el desarrollo sostenible.

Posición geoestratégica: aprovechar las ventajas comparativas del territorio para ofrecer al país la oportunidad de mejorar la competitividad de la oferta nacional a los mercados de las islas del Caribe, Centroamérica y Europa.

Cultura regional: construcción de una cultura centrada en el liderazgo, que tenga como objetivo el desarrollo sostenible, orientado por un propósito superior, una visión de largo plazo, un compromiso con la misión y la responsabilidad compartida por cada uno de los estamentos sociales (Gobierno, empresa y sociedad civil). Los cambios suceden a una velocidad que nos sorprenden, por tal razón, genera resistencias y dificultades para acomodarnos.

Las crisis que se generan, provocan un gran impacto a nivel personal, social y empresarial; por tanto, para enfrentarlas, se plantea la necesidad de flexibilizar y reorientar el modelo y estilo de dirección de las organizaciones públicas y privadas. Cada persona se resiste a aceptar su problema y trata de culpar a otros, a las instituciones, al Estado y a la sociedad en general, negando, de esta manera, la responsabilidad sobre sus propias decisiones, actitudes y acciones. Comportamientos que generan largos y profundos conflictos humanos, familiares, laborales y sociales.

La Guajira no está exenta de esta problemática que hoy registra un grave deterioro y atraso social derivado, como en la mayor parte del país, de una cultura política y de gestión pública centrada en la jefatura, en el caudillismo y en el privilegio individual y de grupos de interés, en la cultura de la ineficiencia, en el egocentrismo, en la corrupción y en la falta de credibilidad. Esto provoca efectos multiplicadores en lo económico, en el mercado laboral y en la productividad, e igualmente efectos multiplicadores sociales, como también el impacto en las relaciones interpersonales y en la calidad de vida.

Los planes de desarrollo que se han pretendido llevar a cabo no han producido los resultados esperados, lo cual se evidencia en los altos niveles de pobreza, en la baja calidad de educación, en la falta de vivienda, en el desempleo, en la violencia y en la inseguridad, en las bajas expectativas de vida y en los malos servicios públicos.

Para superar estas condiciones en que se encuentra, el departamento necesita desarrollar y consolidar un liderazgo transformador que sea confiable en la gestión pública.

Líder transformador: es gerente de su propia vida, comienza antes por ser líder ante sí mismo, compromiso que le exige, ante todo, conocerse y descubrirse.

Para realizar una gestión orientada a satisfacer las necesidades desde la comunidad, se requiere un nuevo modelo dirigido, inicialmente, a un proceso de transformación del individuo, encaminado primero a impulsar la gerencia de su propia vida, la edificación de una familia sana y estable e impulsar el desarrollo educativo, empresarial, social y comunitario.

Los principios: son leyes y normas invisibles, rectas y absolutas, prácticas, universales, constantes y efectivas, buenas y útiles para toda la gente, aplicables en todo tiempo y en todo lugar, las cuales, al conocerlas y comprenderlas, nos llevan a regir nuestro comportamiento y decisiones, el líder transformador rige su comportamiento y sus decisiones por convicciones basadas en sus creencias, principios y valores, los cuales, después de interiorizarlos, los proyecta de forma natural a través del ejemplo y un estilo de vida coherente. Solamente con un sistema de valores bien cimentados en principios fundamentales, el hombre y la mujer serán líderes transformadores que puedan desarrollar su rol de manera efectiva.

Los líderes transformadores son personas de carácter que tienen la habilidad para crear confianza e influir y motivar a la gente para que logre sus objetivos, procurando que estos sean compatibles con los de un grupo o de una comunidad, dentro de los parámetros de la rectitud y el bien común. Solo con líderes centrados en principios y valores se lograrán transformaciones sociales y contribuciones duraderas y significativas.

Es importante destacar que el carácter es el fundamento sobre el cual se edifica la vida de las personas. Los recuerdos de quienes han marcado positivamente nuestra vida, tienen que ver con su carácter, siempre, lo que un hombre «es», se convierte en su legado. Al analizar detenidamente lo que hacen las personas de carácter, encontramos cinco manifestaciones:

1. Poseen integridad.
2. Poseen credibilidad.
3. Generan respecto.
4. Producen resultados.
5. Generan confianza.

Desarrollo endógeno: es el desarrollo que se hace de adentro hacia afuera, en el que se aprovechan las potencialidades y los recursos propios, se gestiona la inversión externa (pública y privada) y se diseñan políticas y estrategias que combinen ambos esfuerzos.

Sector público: responsable de la formulación de políticas, estrategias y la realización de inversión pública, en procura de facilitar la inversión privada y de lograr la mayor productividad y responsabilidad social.

Sector privado: representado en las empresas como ciudadano corporativo, las cuales deben asumir su responsabilidad social con el país, en el territorio y en el entorno directo, en el cual desarrollan su actividad empresarial.

Sociedad civil organizada: estrategia utilizada para aprovechar la sabiduría popular, con el fin de abrir los canales de participación ciudadana y contribuir al bienestar económico y social a través de la planeación participativa y la autogestión para el desarrollo del entorno.

Instituciones de apoyo: entes encargados de implementar metodología de participación ciudadana para la formación de capital social (redes de gestión) y hacer acompañamiento a la sabiduría popular, aprovechando la academia para orientar la formulación de proyectos sociales, económicos y ambientales de carácter local.

Desarrollo humano: estrategia para lograr la formación del capital humano, el cual está fundamentado en el desarrollo de políticas encaminadas a adelantar acciones

eficaces en sectores como la salud, la educación y el desarrollo del entorno. El desarrollo humano se centra en tres aspectos fundamentales: el físico, el mental y el espiritual.

Aspecto físico: el propósito es que el Gobierno contribuya con las políticas de **salud** a generar las condiciones para mantener una persona sana con capacidad laboral; de tal manera que, por medio del conocimiento o de su fuerza de trabajo, pueda lograr su bienestar personal y contribuir al desarrollo y bienestar de la sociedad.

Aspecto mental: contribuir, desde el Gobierno, a generar políticas en materia de **educación** que permitan adelantar acciones encaminadas a desarrollar conocimiento, a estimular la creatividad, la innovación y el liderazgo con el propósito de contar con personas competentes y capaces de liderar procesos de transformación en lo económico y lo social.

Aspecto espiritual: está determinado por las creencias e intenciones en el comportamiento emocional del individuo, por tanto, el propósito debe ser contribuir desde el proceso educativo y de la relación social del entorno, a generar una cultura centrada en la fe, en el amor, en la libertad, en el orden y en la justicia, que generarán el respeto y la confianza como base fundamental para propiciar un clima de convivencia, regulado por estos valores como principios rectores de la sociedad.

Desarrollo con equidad: puede entenderse como el equilibrio entre la prosperidad económica y la solidaridad social dentro del principio de libertad.

Prosperidad económica: es el resultado de la construcción de un sistema, en el cual la persona desarrolla actitudes, valores y competencias laborales, de tal manera que sea capaz de asumir compromiso con la tarea que le corresponde desarrollar, de manera individual o colectiva (equipo de trabajo) dentro del contexto de una organización. La prosperidad es el objetivo al cual conducen los resultados exitosos.

Prosperidad = (actitud) + (*know-how*) + (habilidad).

Actitud = (principios + valores).

Know-how = (conocimiento + experiencia).

Habilidad = competencia laboral para desarrollar la tarea encomendada.

En una sociedad influenciada por un mercado competitivo enmarcado en mundo globalizado, la respuesta a este reto está centrada en el desarrollo y en el crecimiento personal.

Ingresos accionarios: diseñar estrategias encaminadas a estructurar, promover, gestionar y posibilitar la inversión local de capital económico y social en negocios estratégicos, aprovechando las capacidades básicas del entorno, basado este proceso en un propósito superior y en una visión de largo plazo, soportado en el conocimiento del negocio y en la oportunidad de realizarlo, en procura de lograr el crecimiento económico con responsabilidad social; de tal manera que contribuya a impulsar el bienestar colectivo y el desarrollo sostenible.

El quiebre histórico, como visión de largo plazo, debe tener como horizonte la inclusión social, la sostenibilidad, la prosperidad, la economía y el desarrollo territorial con equidad.

Todo proceso de transformación está soportado por la eficacia como hilo conductor para buscar la excelencia, entendida esta como un viaje al futuro que nunca termina.

CAPÍTULO V

UN NUEVO ENTORNO SOCIOECONÓMICO

Sociedad del conocimiento: sociedad encaminada a enfrentar los retos de la era poscapitalista, la cual se caracteriza por el predominio del conocimiento y de la organización. Esta sociedad tiene que estructurarse sobre la base del conocimiento especializado; por tanto, las personas instruidas, deben ser especialistas, porque esto le da poder. También plantea cuestiones básicas de creencias, valores, propósito superior, visión comprendida y compartida, factores que mantienen unida a la sociedad y le dan sentido a la vida.

Conocimiento: información que se hace realidad en la acción, generando resultados. El conocimiento se obtiene en el entorno, fuera de la persona, en la sociedad, en la economía y en el avance de otros conocimientos.

La sociedad del conocimiento está centrada en la innovación y en el libre mercado y se integra desde lo trasnacional a lo tribal; por tanto, en esta era, el conocimiento es un recurso sustancial para la supervivencia de los negocios.

FASES DEL CONOCIMIENTO

Primera fase: se inició en 1760 y concluyó entre 1820 y 1840. Durante estos periodos se vivieron las mayores transformaciones económicas, tecnológicas y sociales de la historia. En esta fase el conocimiento se aplicó a las herramientas, a los procesos, a los productos y generó la revolución industrial; se pasó de una economía rural, basada, fundamentalmente, en la agricultura y en el comercio, a una economía de carácter urbano industrializada y mecanizada.

Segunda fase: se inició en 1840, el conocimiento se aplicó al trabajo y generó la revolución de la productividad.

Tercera fase: se inició en 1959, después de la Segunda Guerra Mundial y abarca, incluso, hasta hoy; se aplica hoy al conocimiento y originó la revolución de la gerencia.

Para 1950, la definición del gerente había cambiado, el gerente se centró en el rendimiento de la gente. Actualmente, el gerente se define como el responsable de la aplicación y del rendimiento del conocimiento.

Economía basada en el conocimiento: la productividad del conocimiento es la manera de lograr que este se vuelva un recurso económico. El conocimiento se convierte en un recurso económico cuando es capaz de interrelacionar el capital y el trabajo y de generar estrategias para alcanzar mayor productividad en cada uno de estos factores y del mismo conocimiento. Existen tres tipos de conocimiento:

1. **Mejoramiento continuo:** conocimiento para mejorar los procesos, los productos o los servicios, y los que los japoneses llaman *kaizen*.
2. **Tecnología:** discernimiento para la aplicación del conocimiento adquirido.

3. **Ciencia:** conocimiento para producir nuevos conocimientos a través de la innovación basado en la investigación.

Estos tres tipos de conocimientos sirven para producir cambios en la economía, ya que cada uno impacta de manera diferente y, utilizado individual o conjuntamente, contribuyen a mejorar la productividad. La formación del conocimiento como base fundamental de la productividad debe ser la prioridad de la inversión de los países en la era poscapitalista, ya que el beneficio que cada país obtenga del conocimiento adquirido, determinará la competitividad.

La organización en la sociedad «poscapitalista» debe girar, fundamentalmente, sobre la construcción del capital humano, para lo cual se debe utilizar como estrategia, el desarrollo y el crecimiento personal, proceso mediante el cual se desarrolla actitud, aptitud (habilidades y destrezas) y nuevos conocimientos, todo esto encaminado a un desarrollo integral de la persona.

El desarrollo integral está soportado en cuatro aspectos fundamentales:

1. **El ser:** se refleja en la parte actitudinal del individuo y se basa en sus creencias, principios y valores como eje fundamental de la relación entre personas.
2. **El saber:** conocimientos adquiridos a través de la formación, la investigación, la apropiación y el desarrollo de la tecnología, que sirve de fundamento para la toma de decisiones en la ejecución de tareas, en procura de un resultado y genera la competencia ejecutiva.
3. **El hacer:** es el conocimiento aplicado a una determinada tarea, se reflejan la aptitud del individuo y genera la competencia técnica laboral.

4. **El aprender:** es el instrumento para adquirir conocimiento, habilidades y destrezas; acumula valores, ideas, información y experiencias que determinan el grado de comportamiento individual y de competencia laboral.

El crecimiento y desarrollo personal están fundamentados en la educación, la capacitación y el entrenamiento.

La formación de capital humano comprende la formación de un hombre integral, es decir, con fortalezas en lo actitudinal (compromiso), además de competencias

ejecutivas o técnicas en armonía con su desempeño laboral (fortaleza aptitudinal). El proceso educativo, por tanto, debe apuntar a cuatro conceptos fundamentales: los valores, la ciencia, la tecnología y la competencia laboral, lo cual están íntimamente relacionados.

Valores: el marco ético que fundamenta el comportamiento en lo individual y lo colectivo.

La ciencia: el marco teórico que explica los procesos técnicos y genera conocimiento a través de la investigación.

La tecnología: el uso correcto de los conocimientos necesarios para producir resultados prácticos.

La competencia laboral: está definida por cómo se aplica el conocimiento y se mide por las habilidades, capacidades y metodología para resolver los problemas.

La sociedad poscapitalista estará dividida por una nueva dicotomía, ya no serán las culturas literarias y la científica, sino que serán los intelectuales y los gerentes, Los intelectuales interesados en las palabras e ideas y los gerentes en las personas y el trabajo. Trascender esta dicotomía será una filosofía central y un reto educativo para la sociedad poscapitalista (Peter Drucker, 2004).

Organización: ente social conformado por personas con un propósito común y una ideología que integre y oriente acciones y decisiones encaminadas a logra un propósito preestablecido, con la finalidad de obtener resultados que impacten en lo individual y en el colectivo.

Organización empresarial: es un conglomerado social responsable de mejorar la productividad, entendida esta como la resultante de la incorporación de la calidad, en los procesos de gerenciales, de apoyo y trazabilidad, en el desarrollo de su misión.

La función de las organizaciones es la de propiciar la productividad del conocimiento, por tal razón, siempre deben interesarse en tener personas con conocimientos, con experiencia y dedicación. Para que funcione la organización, debe ser flexible, descentralizada y autónoma, de tal manera que pueda tomar decisiones eficaces con base en su propio rendimiento, cercanía con el mercado, con la tecnología, con los cambios de la sociedad, con el medio ambiente y la demografía, lo cual debe ser visto como oportunidad para la innovación. Toda organización depende de una visión comprendida y compartida por su conglomerado social, como también, de la interpretación de la realidad que facilite una acción coordinada y un conglomerado social, en el cual el líder es el responsable de articular, comunicar e influir en los miembros de la organización, de tal manera que estos puedan comprometerse y cooperar para alcanzar los objetivos y propósitos de la organización.

Gestión empresarial: el proceso de gestión empresarial, debe entenderse como un conjunto de acciones que va encaminado a satisfacer las expectativas de su público objetivo (consumidor final, proveedor, trabajador, inversionistas y actores indirectos, tales como comunidades del entorno y del Gobierno), por lo que es indispensable que, para lograr un desarrollo y resultado final de calidad, todos los procesos que se ejecuten para alcanzar el propósito misional, sean realizados con calidad. El prototipo de la organización moderna es una orquesta, cada uno de los músicos es un especialista; sin embargo, ninguno de ellos por sí, es capaz de generar melodía, pues esto lo puede hacer solo la orquesta en su totalidad. Los resultados de la organización existen fuera de ella, se define y diseña con un propósito y se fundamenta en el desarrollo de las tareas para alcanzar un objetivo encaminado a su consolidación y desarrollo.

Enfoque humanista: este enfoque de la gestión, ubica al hombre como el protagonista principal de los procesos organizacionales; por tanto, podemos afirmar que, para avanzar en la consecución de resultados, se requiere gente con actitud de servir, lo cual lleva a plantear la necesidad de lograr una cultura organizacional basada en principios, valores y prácticas compartidas por todos sus miembros. La gestión empresarial, a medida que ubica al hombre como protagonista principal de los procesos organizacionales, genera la necesidad de construir, a partir de este concepto, el capital humano, para lo cual, el eje fundamental es la educación, enfocada en formar personas con una perspectiva integral, de tal manera que la formación genere competencias laborales.

Niveles de organización: las organizaciones como instituciones, con propósitos definidos, deben diseñarse con el fin de lograr resultados internos y externos.

Existen diferentes categorías de organizaciones:

Organización integradora: organización líder de la interrelación de organizaciones integradas con un mismo propósito en procura de un resultado común.

Organización autónoma: grupo humano de especialistas trabajando juntos en una tarea común para responder, de forma competitiva, a una demanda de mercado.

Organización interna: conformación de equipos de trabajo, grupo humano de especialistas trabajando juntos en una tarea común, produciendo insumos, encaminados a satisfacer a otra unidad de trabajo considerada como cliente interno.

Dirección de la organización: actividad mediante la cual el líder puede influir y guiar con precisión, es decir, definir objetivos, ruta, acción y generar opinión. La organización actual se ha centrado en dos estilos de dirección claramente diferenciados: la jefatura y el liderazgo.

- **Jefatura:** se ha entendido como la nominación que designa autoridad, la cual transfiere poder a quienes la ejercen, e influencia y condiciona a la base a brindar honores y conlleva, en la mayoría de los casos, a tomarse como un patrimonio personal, luchando por mantener el poder y desviándose del objetivo principal, que es la misión encomendada.
- **Liderazgo:** capacidad de comprender y desarrollar una visión, de tomar decisiones pensando en grande y de mantener una mentalidad basada en resultados; pero también de orientar, impulsar y ayudar a desarrollar nuevos liderazgos, apoyado en el crecimiento y desarrollo personal de quienes

conforman su equipo de trabajo, teniendo como premisa fundamental que los procesos están por encima de la voluntad individual de las personas y el interés colectivo por encima del interés individual.

El liderazgo puede entenderse también como la capacidad para influir y orientar a otros líderes potenciales a través de la visión, la comunicación y la confianza.

Visión: puede considerarse como un sueño, fundamentado en condiciones objetivas, que permite visualizar un horizonte a largo plazo.

Comunicación: capacidad de proyectar la imagen de un estado deseado de cosas, que es capaz de producir, a otros, entusiasmo y sentimiento de compromiso.

Confianza: puede entenderse como la credibilidad que genera el líder con su coherencia entre lo que dice y lo que hace, lo cual motiva a otras personas al reconocimiento, a seguir sus orientaciones y a generar compromiso.

La confianza se ratifica en los hechos, por eso es importante acuñar la frase: «El líder educa con el ejemplo». Los líderes son personas en quienes se puede confiar y son incansablemente persistentes. La confianza mide el posicionamiento del líder. «El líder es quien compromete la gente a la acción, es quien transforma seguidores en líderes y es quien puede convertir líderes en agentes de cambio, denominado esto como liderazgo transformador» (Bennis-Nanus).

CAPÍTULO VI

EL ESTADO POSCAPITALISTA

Sociedad poscapitalista es aquella en la que debe predominar el conocimiento y la organización. El Estado debe entenderse como una organización capaz de desarrollar un sistema de gestión basado en la productividad para enfrentar los retos de la competividad y de la globalización.

«El estudio de las organizaciones ha sido ignorado porque esto afecta profundamente la política y la sociedad y hacen que las sociedades se vuelvan pluralistas» (Peter Drucker, 2004).

Estado-organización: se plantea como un mecanismo de cohesión social, orientado por una ideología pluralista, incluyente y participativa, con capacidad de generar la igualdad de oportunidades en lo individual, teniendo como objetivo el beneficio colectivo. Se soporta en tres ejes considerados interdependientes: la sociedad, el Estado y la economía. Por tanto, para enfrentar el reto de la competitividad, debe enfatizar en cinco factores fundamentales: Gobierno, empresa, capital económico, capital humano y capital social.

Gobierno: ente encargado de concertar, definir e implementar políticas públicas que faciliten el desarrollo económico y social.

Empresa: acción emprendida para desarrollar una misión, con la finalidad de satisfacer las necesidades y expectativas de un público objetivo (cliente, proveedor, trabajadores, accionistas, comunidad del entorno y Gobierno). Para su consolidación y desarrollo, la empresa debe tener en cuenta su propósito y la visión como el punto de referencia para alcanzar en el largo plazo. Esta debe estar fundamentada en condiciones objetivas de entorno; de tal manera que sea alcanzable a medida que se despliegan las acciones necesarias, encaminadas a ejecutar la misión.

El resultado de la gestión de la organización está determinado por dos acciones interdependientes: la acción individual desarrollada por cada persona, y la acción colectiva desarrollada por los equipos de trabajo y la organización en general. Es importante destacar que la acción colectiva es más que la suma de las acciones individuales.

Capital económico: activos y capacidad de inversión, orientados al desarrollo, teniendo como propósito superior la conservación del medio ambiente y la responsabilidad social y como objetivo el éxito empresarial y el crecimiento económico con equilibrio social.

Capital humano: desarrollo del talento humano en cuanto a principios, valores, conocimiento, creatividad, innovación, habilidades y destrezas. Este recurso está determinado por personas capaces para enfrentar los retos de la competitividad.

Capital social: integración en forma de red, con capacidad para realizar trabajo conjunto en actividades de tipo económico y social. El capital social puede considerase como la variable que mide el nivel de cooperación para el desarrollo de una misión entre diferentes grupos de un colectivo humano.

Capital social de gestión productiva: organización comunitaria, estructurada como unidad de negocio, con capacidad de ofertar bienes o servicios de forma independiente o integrada, formalmente, a la cadena productiva de una organización.

Capital social de cooperación: organización comunitaria con facultad de cooperar con la administración pública en los procesos de planeación participativa y de gestión social, utilizando la concertación y la autogestión como herramienta que apunten al desarrollo con responsabilidad social.

CAPÍTULO VII

PLURALISMO DEMOCRÁTICO

El capitalismo y el socialismo han sido los dos sistemas enfrentados en que se han mantenido las posturas políticas, una basada en la ideología capitalista (Adam Smith) centrada en el mercado y la otra en la ideología socialista (Karl Marx), centrada en el Estado; conceptos opuestos, considerando cada uno su tendencia como medio de enfrentar el desarrollo social.

El pluralismo político se define como un principio ideológico que considera la división de la sociedad en diversos grupos sociales con ideas e intereses diferentes como una fortaleza y no como una debilidad. El pluralismo reconoce la participación de varios grupos que no necesariamente forman parte de la élite. Las partes que compiten en el pluralismo se caracterizan por su heterogeneidad ideológica y social, independiente de los recursos económicos que posean. Es un modelo opuesto al populismo y, por la misma razón, al elitismo, ya que ambos definen una visión dualista de la sociedad.

La sociedad poscapitalista se propone dar paso a un nuevo modelo socioeconómico como respuesta a la crisis del capitalismo y del socialismo, concebimos que el modelo de esta nueva era, debería estar soportado en una estrategia centrada en el pluralismo democrático; de tal manera que permita fortalecer la inclusión social y la democracia participativa, con el propósito de fundamentar las bases de un Estado incluyente, emprendedor y sostenible con el mayor nivel de eficacia, en el sentido de ordenar la vida en sociedad, promoviendo y apoyando la inversión, fortaleciendo su rol de regulador y benefactor hasta donde sea posible.

Para la nueva era de la sociedad poscapitalista, se hace necesario plantear una manera de flexibilizar posiciones ideológicas, de forma que permita una mayor cohesión social a través del respeto por las diferencias, pero buscando puntos de coincidencia que permitan construir una salida concertada al desarrollo económico y social.

La estrategia propuesta busca lograr el equilibrio entre la prosperidad económica y la solidaridad social, utilizando, para ello, la cohesión de la comunidad, actuando el Estado como un agente facilitador, dinamizado por una democracia incluyente, cohesionada con una sociedad civil activa que, a través de la organización, pueda desarrollar habilidades de concertación y gestión, frente al sector público y al sector privado para, de esta manera, enfrentar los retos de la globalización y del libre mercado.

Pluralismo democrático: puede entenderse como modelo de democracia participativa centrado en los conceptos de la inclusión social, la organización y la participación comunitaria. Como estrategia socioeconómica, este modelo mira la inclusión de la sociedad civil como fuente de cohesión entre el Estado y la economía, para poder lograr una sociedad donde pueda existir el equilibrio entre la solidaridad social y la prosperidad económica, dentro del principio de la libertad. Como aspiración democrática, la participación ciudadana es un instrumento de aplicación en los marcos de la democracia representativa, como también en el contexto de la sociedad plural o sociedad civil organizada, con su inevitable carga de desigualdad política y socioeconómica de los actores y la exclusión de los ciudadanos no organizados. Si se busca la participación amplia de la base social es necesario estimularla, para lo cual la organización social no es un punto de partida, sino un objetivo.

La democracia participativa es posible, pero requiere de un cuidadoso diseño institucional, metodología, reglas y procedimientos claros, una resuelta voluntad política y un entorno social favorable. La democracia participativa, vista como objetivo de política pública, obliga a promover la más amplia participación de la base social. La participación ciudadana en los asuntos públicos es un objetivo universalmente aceptado y hoy se incluye en las agendas públicas de muchos países del mundo, incluido los latinoamericanos.

Enfoque gerencial: modelo gerencial incluyente que promueva, prepare y consolide la organización de redes de gestión (de cooperación y producción) que posibiliten la participación de la comunidad organizada en la gestión pública y privada, con el propósito de contribuir a lograr una mayor eficacia empresarial, aprovechando la experiencia, la opinión y los conocimientos que puedan aportar los ciudadanos. En el sector público, las decisiones y el control de los procesos normalmente se los reserva la representación de las agencias del Gobierno.

Es importante destacar que los ciudadanos adquieren así el poder de tomar decisiones de carácter vinculante, de cumplimiento obligatorio para los agentes del Gobierno y las agencias públicas. El fin último de la participación es profundizar la democracia con el empoderamiento de los ciudadanos, en procesos que van más allá de la gestión de los asuntos públicos para convertirse en experiencias de aprendizaje democrático, mejoramiento cívico y de desarrollo económico y social.

Enfoque pluralista: la participación ciudadana es vista, básicamente, como la intervención de diversos sujetos sociales y colectivos en los asuntos públicos, para incidir en los procesos de la política pública en función de sus intereses y objetivos, centrado en principios y valores, capaz de generar un compromiso efectivo con el conglomerado social, donde los actores son organizaciones de base asociativa que suelen aglutinarse bajo el término de sociedad civil organizada.

Enfoque democrático: empoderamiento de la ciudadanía en sentido amplio, no solo de las organizaciones de base asociativa, sino de los ciudadanos en general. Proceso de cambio institucional que les otorga el poder de tomar decisiones vinculantes en los asuntos públicos a través de mecanismos de democracia participativa y directa, por ejemplo, presupuestos participativos, referendos y plebiscito, entre otros. Se consideran tres temas imprescindibles para la participación ciudadana centrada en la democracia: el diseño institucional, la deliberación y la voluntad política.

Ante la insuficiencia de la democracia representativa, especialmente en el ámbito de los gobiernos locales, la participación ciudadana en los asuntos públicos tiende a verse como la alternativa para mejorar el desempeño gubernamental. Esta estrategia se traduce en una mayor eficacia y en la legitimidad democrática de las políticas públicas en el plano local.

Bajo el concepto de participación ciudadana, se cobijan las más variadas prácticas de intervención de personas y de grupos en los asuntos públicos, desde la ciudadanía, en su conjunto, hasta las más selectas élites.

El modelo planteado supone una participación de la ciudadanía tan amplia como sea posible y sobre todo una convocatoria abierta para todos los ciudadanos del entorno territorial. Para avanzar en el equilibrio social, una economía influenciada por el libre mercado deberá utilizar como estrategia la sociedad civil organizada, complementada con un sistema de gobierno que interprete claramente el principio de la libertad centrada en los postulados del orden, la justicia y la equidad.

Plural democracia: puede entenderse como un sistema de inclusión social que conlleva a la conformación de redes de confianza, en la que los individuos emplean la organización y la autogestión, de tal manera que la sociedad civil organizada pueda lograr la combinación de la sabiduría popular con la academia, la concertación de políticas de gobierno con el sector público y el compromiso social de las empresas, en su condición de ciudadanos corporativos; puede entenderse entonces la plural democracia como un sistema para la construcción de capital social.

El capital social se refiere a redes de confianza, de las que los individuos pueden servirse para apoyo social; al igual que el capital financiero, el capital social puede también expandirse, ser invertido y reinvertido.

El capital social lo dio a conocer, por primera vez, el sociólogo James Coleman y su utilidad reside en la extensa aplicación que pueda tener. El capital social es de importancia en la sociedad civil, ya que hace posible el civismo cotidiano y es crucial para la vida pública. En el contexto de la nueva economía, tiene un significado más específico, ya que las redes juegan un papel principal en la innovación; es importante anotar que los costos de coordinación institucional disminuyen a través de un esquema de construir responsabilidades compartidas, en lugar de una jerarquía burocrática.

Sector social autónomo: entiéndase por sector social autónomo, la sociedad civil organizada con capacidad de desarrollar redes de confianza con responsabilidad social. Este sector puede ofrecer opciones y sensibilidad en la gestión de servicios públicos, ayudar a promover la cultura cívica local y formas de desarrollo comunitario, como también el desarrollo de emprendimientos con capacidad de intervenir en el mercado en forma directa y articularse a organizaciones integradoras que le permitan enfrentar los retos de un mercado competitivo. Para desarrollar esta responsabilidad, las empresas sociales, como actores corporativos, necesitan ser activas y emprendedoras; estas pueden ser innovadoras y muy eficaces en el ámbito de la sociedad civil, al tiempo que contribuyen con el desarrollo económico. El sector social autónomo puede operar como un ala de investigación y desarrollo (I+D) del sistema de bienestar, aportando nuevas soluciones a problemas sociales críticos y lo que es más importante, desencadenar un círculo virtuoso de acumulación de capital social y ayudar a las comunidades a generar un espacio que les dé una mejor opción de participar en la construcción de políticas de gobierno y en el desarrollo social. Las organizaciones de este sector también pueden articularse eficazmente, con empresas para diseñar y ejecutar proyectos económicos y programas sociales.

El propósito último del pluralismo democrático como modelo socioeconómico, debe apuntar a desarrollar la democracia directa, entendida como la «democratización de la democracia», con la finalidad de lograr más responsabilidad y transparencia en la gestión del gobierno y en la gestión privada, en procura de lograr competitividad, en relación con la tendencia del mundo hacia la globalización.

Entiéndase, entonces, la democracia directa como un sistema incluyente, basado en la organización y participación comunitaria, para la concertación de políticas de Estado que posibilite la participación activa de todos sus actores (Gobierno, empresa, sociedad civil organizada). La democracia directa tiene como eje la construcción y el desarrollo de la sociedad, como objetivo, la eficiencia y la eficacia, y como propósito el bienestar colectivo. Entiéndase por colectivo o comunidad, la integración de todos los actores sociales: sector público, sector privado y sociedad civil. El Estado y el Gobierno no representan el dominio público cuando se alejan de sus raíces, ya que la sociedad civil aporta la base de la ciudadanía.

Para responder a las grandes transformaciones sociales de este siglo (XXI). El pluralismo democrático podría considerarse como el eje dinamizador de la economía, del conocimiento y de la participación activa y reflexiva de la ciudadanía, para enfrentar los grandes retos de la sociedad moderna, utilizando como estrategia la cohesión social.

Cohesión social: tendría como propósito acercar el Gobierno a la comunidad, utilizando como instrumento la organización y participación comunitaria, que debe

partir del entorno local (comunas y corregimientos), como células fundamentales de la organización municipal, lo cual podría considerarse como el primer eslabón del encadenamiento del desarrollo endógeno incluyente y sostenible.

La cohesión social se plantea como espacio para que la sociedad civil, el sector público y el sector privado puedan concertar, de manera organizada, los programas y proyectos de desarrollo local que apunten a satisfacer las necesidades de la población. Esto sirve de base para construir una masa social crítica y constructiva, con compromiso frente al desarrollo de su entorno, generando espacios que propicien la convivencia y un desarrollo con equidad, que brinde igualdad de oportunidades a todos sus actores.

Hacen parte del instrumento de cohesión, las asambleas comunitarias y los representantes de la comunidad, quienes interactúan directamente con las administraciones locales, en procura de concertar decisiones que impacten en la calidad de vida de la población, decisiones soportadas en planes de desarrollo del espacio territorial (comunas o corregimientos), con una metodología que garantice la participación social del entorno.

Centros de cohesión social: deben constituirse como entes autónomos capaces de definir sus propios reglamentos y diseñar su organización interna y mecanismos de relación con la administración local y la academia, de tal modo que les permita definir, formular y gestionar programas y proyectos prioritarios para el crecimiento social, económico, ambiental y cultural de su entorno.

El eje fundamental de los centros de cohesión social es la organización para la participación comunitaria, para lo cual se debe implementar una metodología apropiada, con el fin de lograr resultados eficaces y promover los espacios adecuados para la generación de nuevos liderazgos.

Con base en los postulados planteados y dadas las condiciones socioeconómicas que hoy atraviesa el departamento de La Guajira, se hace necesario atacar las causas que han originado el atraso de esta importante región del país y plantear una forma diferente de enfocar su desarrollo dentro del marco normativo de la Constitución Política de 1991 en su artículo 1.

Artículo 1: Colombia es un Estado social de derecho, organizado en forma de república unitaria, descentralizada, con autonomía de sus entidades territoriales, democrática, participativa y pluralista, fundada en el respeto de la dignidad humana, en el trabajo y la solidaridad de las personas que la integran y en la prevalencia del interés general.

CAPÍTULO VIII

GESTIÓN GERENCIAL

La nueva era (sociedad poscapitalista) exige gobiernos que sean más sencillos, más eficaces y más democráticos, los cuales podrán construir una civilización verdaderamente humana, para lo cual el Estado, como gestor, debe promover organizaciones inteligentes, con capacidad de gestionar el conocimiento e impulsar y consolidar la participación activa y reflexiva de la sociedad a través del compromiso del sector público, del sector privado y del sector voluntario, entendido este último como la sociedad civil organizada, generando, de esta manera, una sociedad cohesionada por un sistema de inclusión social.

Organización inteligente: es un sistema capaz de generar un ambiente organizacional mediante el cual se definen el propósito superior, la misión, la visión, las estrategias y ejecuta tareas acordes con la misión empresarial, teniendo como objetivo la excelencia. Este tipo de organización centra su gestión en el mejoramiento continuo, con el propósito de enfrentar un mercado competitivo en un mundo globalizado. Una organización inteligente es una estructura orientada por normas fundamentales como principios rectores de la organización (fe, amor, orden, justicia, equidad) y valores compartidos por todos sus miembros (respeto, lealtad, solidaridad, honradez, integridad, etc.). La organización inteligente se diseña para reaccionar ante los cambios de entorno, adecuando sus condiciones internas a niveles de eficiencia que la haga competitiva y con capacidad de generar resultado eficaz en beneficio de su público objetivo (clientes, trabajador, proveedor, inversionista y actores indirectos).

Una organización diseñada de manera inteligente, debe considerar por lo menos cinco variables fundamentales e interdependientes: las estrategias, la estructura, la cultura organizacional, los sistemas y los procedimientos (s+p) y la gestión y la productividad (g+p), variables estas que contribuyen a generar el ambiente organizacional.

Cultura organizacional: está fundamentada en la ideología, en las personas y en el trabajo.

Ideología: conceptualización sobre la manera de interrelacionar en lo individual y lo colectivo.

Personas: el compromiso de estas, como estrategia para incrementar la productividad, condiciona la organización a contar con personas competentes, con liderazgo, formadas en principios y valores, con un proyecto de vida que oriente su accionar en lo individual y en lo colectivo.

Trabajo: acción centrada en la gestión y en la productividad, debe basarse en el desarrollo y crecimiento personal, el trabajo debe cualificarse, utilizando como estrategia la formación por competencias y el entrenamiento.

La cultura organizacional debe estar caracterizada por el liderazgo y el compromiso con la organización (*Empowerment*). El propósito del liderazgo empresarial es la manera de lograr el compromiso con su público objetivo, con el fin de alcanzar la mayor productividad, centrado en el estilo de gerenciar el conocimiento, el éxito empresarial y el compromiso social. La cultura del compromiso (*Empowerment*) está fundamentada en tres aspectos: la afiliación, la satisfacción y la confianza.

- **La afiliación:** es entendida como un sentimiento de pertenencia con la organización, desarrollado a partir de mantener informado a los actores directos e indirectos de los logros y propósitos de dicha organización, de permitir la participación real y directa de los puntos de vista del trabajador, eliminando los signos de estatus con el propósito de eliminar las barreras y compartir los éxitos de su compañía. Así mismo, promover la armonía familiar y acercar la familia del trabajador a la organización, mediante programas de integración.
- **La satisfacción:** el sentimiento de satisfacción en el trabajo está fundamentado sobre tres pilares básicos: la responsabilidad, el orgullo y la credibilidad. La satisfacción se logra a partir de devolverle al trabajador la responsabilidad por la calidad del producto o servicio, permitirle la participación creciente en los procesos de toma de decisiones asignándole, progresivamente, mayores responsabilidades, de manera que le permita sentirse orgulloso de haber contribuido con los resultados de la empresa. La credibilidad se incrementa fortaleciendo, una vez más, la autonomía de los trabajadores y reduciendo los niveles de supervisión.
- **La confianza:** se da por la competencia y dedicación de sus directivos, de sus líderes y por el hábil manejo de la empresa mediante el cual, esta, proyecta una imagen de solidez en el mercado y al interior de la misma, que garantiza la supervivencia en el futuro y, por tanto, la estabilidad y permanencia de sus empleados y el aporte a sus actores indirectos en cumplimiento de su responsabilidad social.

La estructura: como cuerpo social es la base de la organización, debe ser flexible acorde con la misión y debe diseñarse, tomando como punto de partida el concepto y los niveles de organización, con el propósito de lograr que esta sea plana, centrada en procesos, y que permita el desarrollo de la creatividad, de la innovación y de la productividad del conocimiento.

La estrategia: consiste en definir el cómo ir de un punto a otro, en dónde se quiere estar, orientado por su propósito misional. Definir el cómo, equivale a diseñar la cadena de valor de las actividades de la empresa, desde el proveedor hasta el consumidor final; al definir el cómo, la empresa obtiene una herramienta sustancial para estructurar sus políticas, normas y estrategias. Las estrategias deben ser innovadoras, capaces de generar crisis positivas (¿cómo mejorar los resultados actuales?), planteándose las interrogantes: ¿cuál es el propósito superior? ¿Cuál es su propósito misional? ¿Quién es su público objetivo? ¿Qué está ofertando a su beneficiario directo e indirecto? Y, ¿cómo lograr su propósito y objetivo?, desarrollar sus competencias y el ambiente organizacional para cumplir con su misión.

Sistemas y procedimientos (s+p): el sistema es la articulación de procesos encaminados a alcanzar un resultado, determina la naturaleza, el propósito y el objetivo que define la cultura y los valores de una organización. Los procedimientos tienen como finalidad la implementación de políticas, normas y directrices encaminadas a lograr el propósito organizacional, mediante el desarrollo de una tarea orientada por una visión de largo plazo.

Gestión y productividad (g+p): habilidades corporativas encaminadas a definir y desarrollar estrategias, tomar decisiones, asignar y administrar recursos, con el fin de lograr el máximo rendimiento del conocimiento, del dinero, del trabajo, del capital social y de los medios de producción, como también optimizar resultados en términos de satisfacer la necesidad de su público objetivo (clientes, proveedores, trabajadores, accionistas, su entorno y el Gobierno) y compromiso social. La productividad está encaminada a maximizar la salud corporativa.

Salud corporativa: se entiende como el estado de resultado y consolidación del negocio desarrollado por la organización. Se mide por el resultado de la gestión empresarial en cuanto a la eficiencia y eficacia y su nivel de pertinencia con el propósito misional. Para mantener una buena salud corporativa, se hace importante interpretar tanto las actuaciones individuales, como las actuaciones colectivas de la organización; también, la efectividad de la ruta para alcanzar sus objetivos de corto, mediano y largo plazo.

Gerencia del conocimiento (*knowledge management*): disciplina que promueve un enfoque integrado para generar, identificar, capturar, asimilar, ordenar y compartir activos de información para uso efectivo del conocimiento en el desarrollo de la gestión empresarial. Estos activos deben incluir políticas, procedimientos, conocimientos y experiencias (*know-how*), base de datos y documentos sustanciales para el desarrollo de la misión.

CAPÍTULO IX

ENFOQUE ESTRATÉGICO PARA LA TRANSFORMACIÓN TERRITORIAL

Orden institucional: exige diseñar e implementar un sistema de gestión pública, con capacidad de articular la política nacional con la gestión local, en procura de lograr el desarrollo económico y la productividad social.

Modernización institucional: exige diseñar e implementar un modelo organizacional, capaz de optimizar los procesos de planeación, ejecución, verificación y la acción oportuna para lograr la eficiencia y la eficacia en la gestión pública, orientado a desarrollar el concepto de Estado-organización como modelo de gestión, basado en la organización inteligente, soportado en la gerencia del conocimiento y en la conformación de equipos de trabajo, con la responsabilidad de ejecutar tareas previamente definidas, obtener resultados y rendir cuentas.

Gestión pública: sistema de gestión con capacidad de articular las instituciones que forman parte del sector público, las empresas y las organizaciones sociales, con el fin de lograr la mayor productividad en la aplicación y ejecución de los recursos, en procura de alcanzar el bienestar social de una manera justa y equitativa. Debe encaminarse a desarrollar una gestión estratégica centrada en la planeación, en la tarea y en el resultado, de tal manera que la gestión institucional conduzca a resultados transformadores.

Desarrollo social con equidad: este modelo tiene como propósito, diseñar e implementar políticas, programas y proyectos a partir de la identificación del entorno territorial, de la familia y de sus necesidades, de tal manera que permita dar solución a los problemas sociales en los sectores de la salud, la educación, el trabajo y la vivienda, teniendo como escenario el entorno local, como objetivo la familia, como beneficiario directo el individuo y como estrategia la organización y participación comunitaria.

Desarrollo económico con responsabilidad social: persigue la generación de riquezas a partir de los activos disponibles en un determinado territorio con la intervención del capital humano, a través del conocimiento, la innovación, la creatividad y el aprovechamiento de las capacidades básicas locales para la producción de bienes y servicios.

Este modelo actúa como instrumento para integrar la visión del negocio y la capacidad de diseñar y desarrollar estrategias innovadoras que influyan en los factores de conocimientos, capital y trabajo; con miras a transformar los activos en riqueza, teniendo como objetivo que esta impacte, fundamentalmente, en el bienestar de la sociedad, en procura de buscar equilibrio entre el medio ambiente, la prosperidad económica y la solidaridad social.

Desarrollo humano: estrategia fundamental para la formación del recurso humano, teniendo como punto de partida la educación infantil, soportada, esta, en centros orientados a una atención integral del niño con proyección a la familia. El enfoque misional de estos centros, debería enfocarse en educación, alimentación, salud, recreación, cultura, deporte y trabajo social; de tal manera que permita cohesionar la relación centro de formación-familia, en la formación integral del niño, eje fundamental para el desarrollo y crecimiento personal del recurso humano.

Emprendimiento social: estrategia orientada a la conformación de organizaciones comunitarias (sector social organizado), con el propósito de identificar oportunidades de negocios para el desarrollo de emprendimientos que puedan atender una demanda de mercado de forma independiente o integrarse a una red productiva, con capacidad de enfrentar con mayor fortaleza el reto de la competitividad. La estructuración y el desarrollo de esta estrategia debe estar soportado en acciones fundamentales, tales como el acompañamiento en la formulación e implementación de planes de negocios, la capacitación, la asesoría empresarial, la asistencia técnica y la gestión de capital semilla, con el propósito de promover y fortalecer el trabajo independiente.

Cohesión social: esta estrategia tiene como propósito articular la relación entre el Estado, el sector privado y el sector social organizado. El eje fundamental de esta estrategia es la capacitación y organización comunitaria, con el propósito de construir redes de cooperación, con capacidad de concertar y formular proyectos con el propósito de apalancar la gestión pública, encaminada a lograr la transformación económica y social. Para implementar esta estrategia sería importante diseñar e implementar centros de cohesión social.

Fondo de solidaridad social: estrategia orientada a diseñar e implementar la política pública encaminada al otorgamiento de subsidios, de vivienda, de educación básica y superior, de salud y de servicios públicos.

Convivencia y seguridad ciudadana: el propósito fundamental de esta estrategia, es el de recuperar y asegurar la institucionalidad, a través de una cultura ciudadana, centrada en el respeto al medio ambiente y la solidaridad social, soportada en el cumplimiento de la ley y el ejercicio de los derechos ciudadanos que permitan restituir la tranquilidad y la confianza, y generar el compromiso de una responsabilidad compartida, con el objeto de lograr una participación activa y reflexiva de la comunidad. Esta estrategia estaría orientada a establecer un modelo de gestión integrado por el departamento-municipio-fuerza pública y comunidad organizada para combatir y controlar los factores generadores de violencia.

Plan de desarrollo étnico: estrategia encaminada a definir e implementar políticas públicas de tipo diferencial que permitan preservar la cultura, las tradiciones, los usos y las costumbres, encaminado a mejorar la convivencia y el bienestar de las etnias wayuu, koguis, arahuacos, wiwas y afrodescendientes, con asentamiento en el territorio guajiro.

Comercio internacional: intercambio comercial con el Caribe insular (Aruba, Curazao), Centroamérica y Europa. La Guajira es una región con diversidad económica y cultural, ya que tiene el privilegio de contar con recursos de gran demanda nacional e internacional, como el carbón, el gas, la sal marina y, adicionalmente, la capacidad de generar energía eólica y solar; cuenta, además, con la represa del río Ranchería con capacidad de irrigar 22 000 ha de tierra, este último escenario genera una gran oportunidad para hacer de los campesinos actuales de La Guajira empresarios del campo. La Guajira, cuenta también con tierras aptas para las actividades agropecuarias en el macizo montañoso de la Sierra Nevada y las tierras planas del área de influencia que conforman un corredor estratégico para la producción agroindustrial.

La potencialidad que genera su localización entre la Sierra Nevada y el mar Caribe, para el desarrollo de la actividad turística, sobre todo si se tiene en cuenta la extensión de sus costas (400 km), la calidad de sus playas y las culturas wayuu y tayrona, enmarcada la primera de manera más significativa en la media y la Alta Guajira y la segunda en la Sierra Nevada, especialmente en el municipio de Dibulla. Estas culturas se convierten en ejes importantes para el desarrollo del turismo cultural y ecológico, para lo cual se podría utilizar como estrategia el desarrollo de parques temáticos. Este potencial se encuentra apalancado por la posición geoestratégica y por infraestructuras existentes que hoy se encuentran subutilizadas o improductivas, como la represa del Ranchería, con capacidad instalada para el acopio, la administración y el uso efectivo de 198 millones de m^3 de agua, que vierte la Sierra Nevada, recurso que hoy se encuentra subutilizado. La disponibilidad de este recurso estaría en capacidad de irrigar 22 000 ha de tierra, las cuales pueden habilitarse con la construcción del distrito de Riego, contemplado en la segunda fase del proyecto Ranchería.

También hay que destacar la infraestructura existente en el territorio departamental, como los dos aeropuertos de uso privado (Cerrejón), localizados en el corredor minero en Albania y Puerto Bolívar, la existencia de puertos de gran calado instalados en el territorio departamental, tales como Puerto Brisa (PBSA), puerto comercial, ubicado en el municipio de Dibulla con una zona franca, ubicada en sus instalaciones, Puerto Bolívar, ubicado en el municipio de Uribia, de uso privado (Cerrejón), para la exportación de carbón, como, también, el ferrocarril de uso privado del Cerrejón que comunica la mina con el puerto, utilizado para el transporte del carbón. La infraestructura relacionada debería ser el vehículo que permita impulsar la plataforma regional para potenciar la oferta industrial y logística del país, en condiciones favorables de competitividad en los mercados de las islas del Caribe, Centroamérica y Europa, oportunidad que ofrece La Guajira por su ubicación geoestratégica y, además, estrategia conveniente y necesaria para afrontar la etapa de transición, desarrollo y consolidación de la era posminería. Era para lo cual se hace necesario desarrollar estrategias innovadoras por parte del gobierno departamental, los gobiernos municipales y el sector privado, para crear y consolidar una oferta exportable y generar una oferta de servicios logísticos y facilidad de interconectar al país con las islas del Caribe, Centroamérica y Europa, además, su condición de frontera con Venezuela, que potencializa la ubicación fronteriza del departamento como lugar estratégico para la etapa de poscrisis de Venezuela que comprenda educación, alimentación, salud, recreación, cultura, deporte y trabajo social.

CAPÍTULO X

EL QUIEBRE HISTÓRICO

COMPROMISO SOCIAL PARA TRANSFORMAR LA GUAJIRA

Para asumir el reto de la transformación económica y social del territorio se requiere, fundamentalmente, diseñar nuevas estrategias que faciliten la implementación de un nuevo modelo de gestión, teniendo como propósito superior construir una sociedad emprendedora, incluyente, sostenible y solidaria, orientada por principios y valores como factores fundamentales para la formación del nuevo hombre guajiro, capaz de interpretar la necesidad de cambiar la cultura del viejo modelo de dirección centrado en jefaturas, por el modelo de dirección centrada en el liderazgo transformador.

Este nuevo escenario de relación Estado-comunidad, conlleva a institucionalizar la generación de capital social, a través de la implementación de redes de cooperación como un instrumento de concertación y apoyo a la gestión pública, utilizando como herramienta la organización y participación comunitaria, lo cual conllevaría a generar un mayor nivel de información, satisfacción y confianza del ciudadano. Fortaleciendo de esta manera la eficacia y transparencia en el desarrollo de la gestión institucional.

Punto de partida: el compromiso de transformar la realidad crítica que deprime a la sociedad guajira.

La implementación y el desarrollo de estas estrategias tiene como propósito, superar el legado histórico heredado de la colonia, centrado en una cultura de gestión soportada en el caudillismo y en el cacicazgo, basada, esta cultura, en jefaturas hegemónicas que procuran el interés individual y de pequeños grupos, la búsqueda de hacerse importantes en lo político y social. Esto ha generado una cultura influenciada por el individualismo y las acciones personalistas (caudillismo), que en nada han contribuido con el mejoramiento del nivel de vida del pueblo guajiro. Este regazo cultural no ha permitido desarrollar una visión de largo plazo con un propósito transformador. La cultura imperante apunta solo a resultados mediáticos, especialmente en la gestión pública, la cual ha centrado su interés principal en generar y mantener el poder, olvidando el compromiso con las futuras generaciones. Este estilo de gobierno ha venido acumulando un alto pasivo social en este territorio.

El quiebre histórico, como propuesta, va encaminada a intervenir la cultura regional en busca de pasar del populismo **al liderazgo transformador**, de tal manera que permita emprender el reto de la transformación y el cambio del departamento. Para ello, debe tener como actor **al nuevo hombre guajiro**, que debe ser una persona competente, con conocimientos de su entorno, compromiso y capacidad para transformarlo, mediante un proceso que permita crear una cultura en la cual predomine el interés colectivo sobre el interés individual.

Este nuevo hombre debe ser capaz de hacer de la sociedad guajira una organización social, soportada en principios y valores, que genere compromiso a cada persona, independiente de su escenario social y laboral, como también el compromiso de las organizaciones sociales, públicas y privadas, en procura de alcanzar un mejor bienestar, dentro del principio de la libertad, soportado en los postulados del orden de la justicia y de la equidad.

SITUACIÓN ACTUAL 2020
CORREDOR MINERO

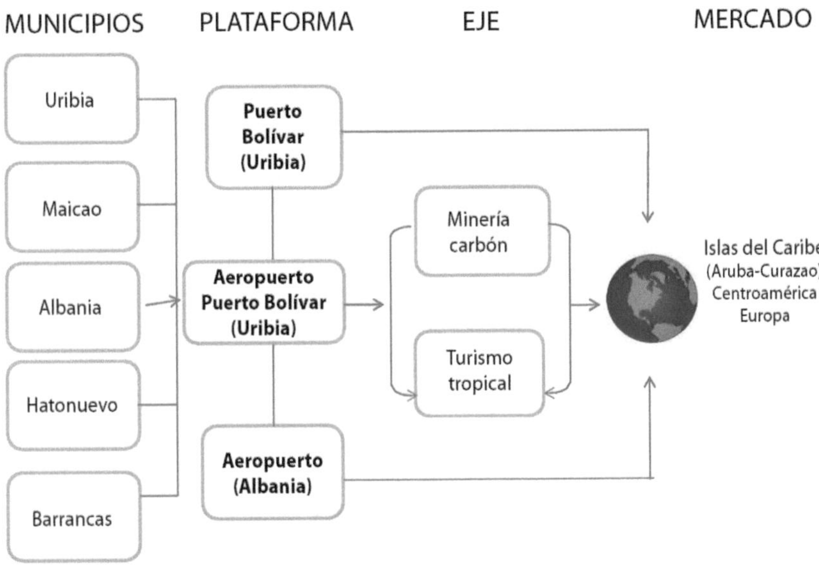

*Existente
***Proyectado**

SITUACIÓN ACTUAL 2020
CORREDOR AGROINDUSTRIAL

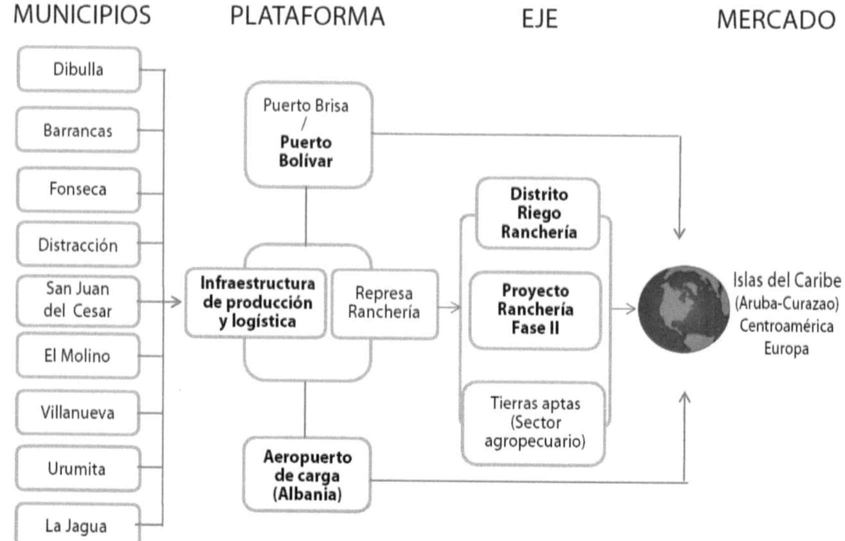

*Existente
***Proyectado**

SITUACIÓN ACTUAL 2020
CORREDOR LOGÍSTICO-INDUSTRIAL
Subregión Sierra Nevada

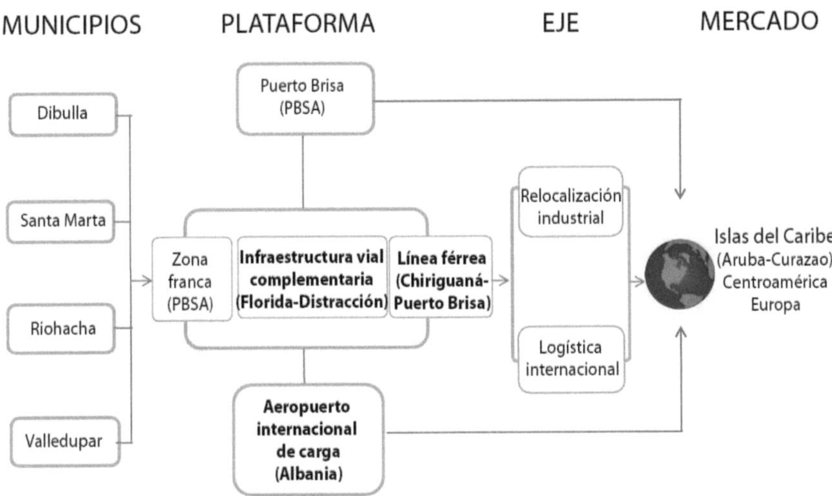

*Existente
***Proyectado**

SITUACIÓN ACTUAL 2020
CORREDOR TURÍSTICO

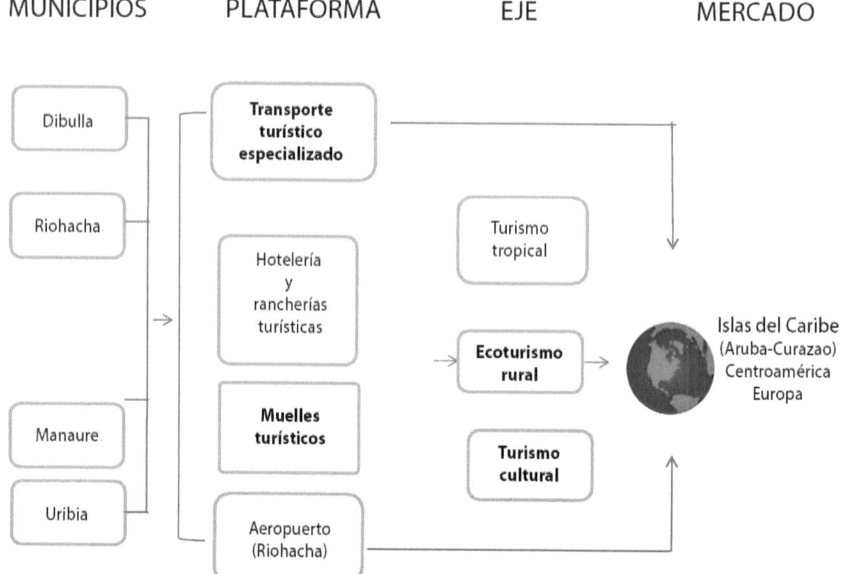

*Existente
***Proyectado**

FACTORES ESTRATÉGICOS

Institucionales	Capacidades básicas de producción
Caoacidad de gestión	Servicios públicos
Capital social	Infraestructura de producción
Educación	Infraestructura logística
Salud	Gestión de negocios estratégicos
Seguridad ciudadana	Capacidad de inversión

CAPÍTULO XI

INTERNACIONALIZACIÓN DE LA ECONOMÍA

VISIÓN 2040
CARIBE INSULAR

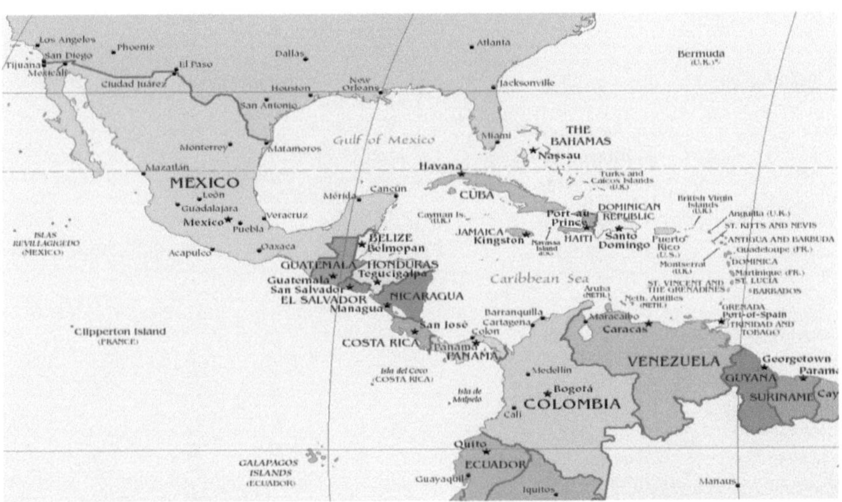

CORREDOR LOGÍSTICO FRONTERIZO

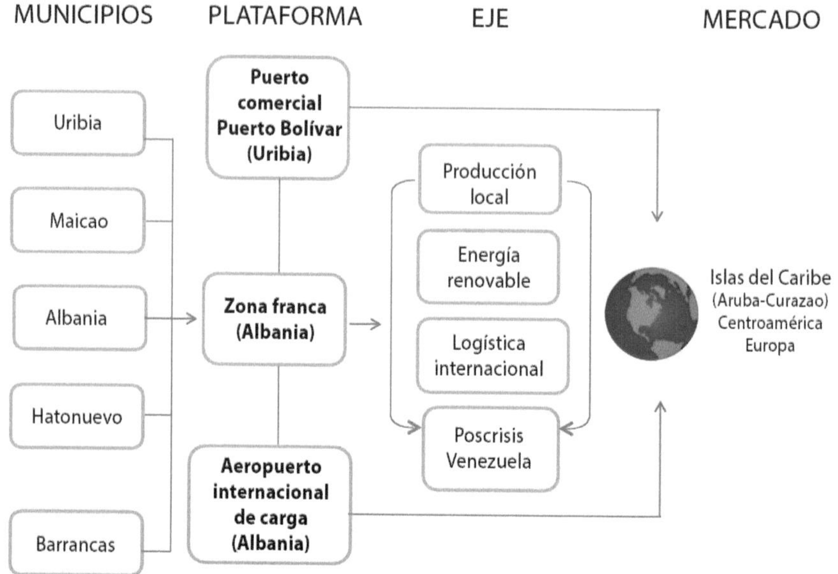

*Existente
Proyectado

CORREDOR AGROINDUSTRIAL

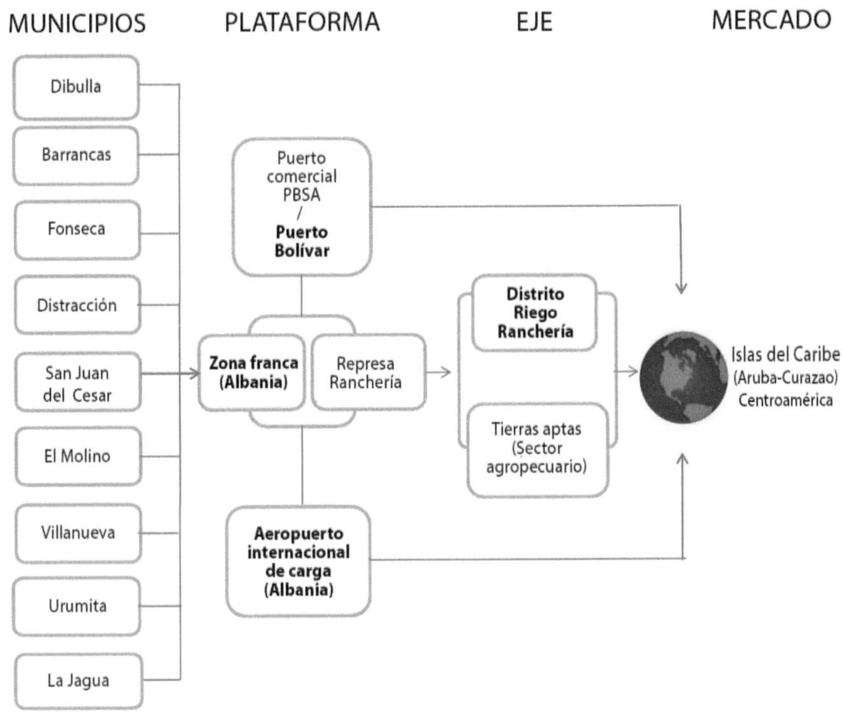

*Existente
***Proyectado**

CORREDOR LOGÍSTICO-INDUSTRIAL
Subregión Sierra Nevada

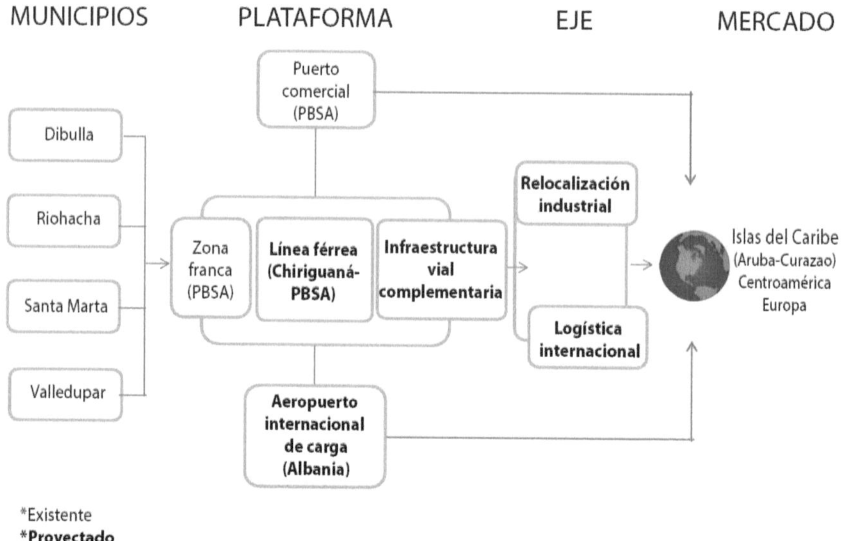

*Existente
***Proyectado**

CORREDOR TURÍSTICO

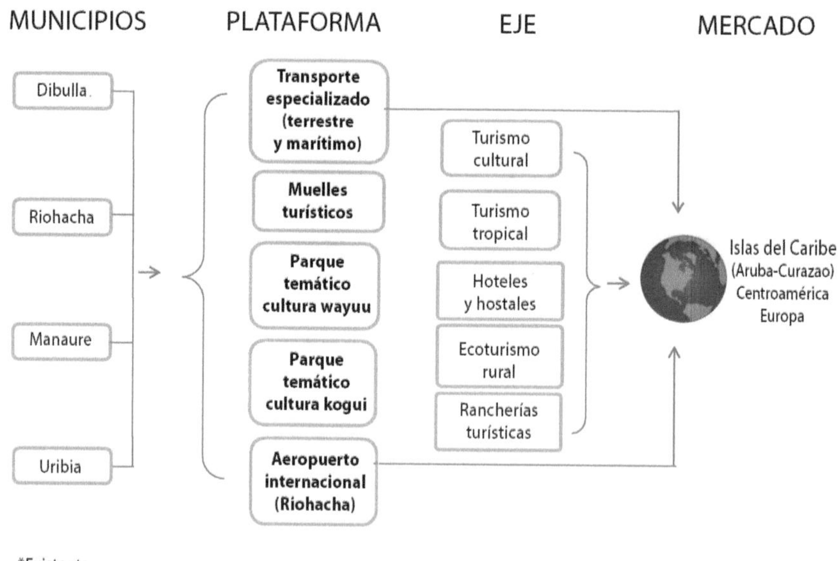

*Existente
***Proyectado**

INTERNACIONALIZACIÓN DE LA ECONOMÍA
DECISIONES ESTRATÉGICAS

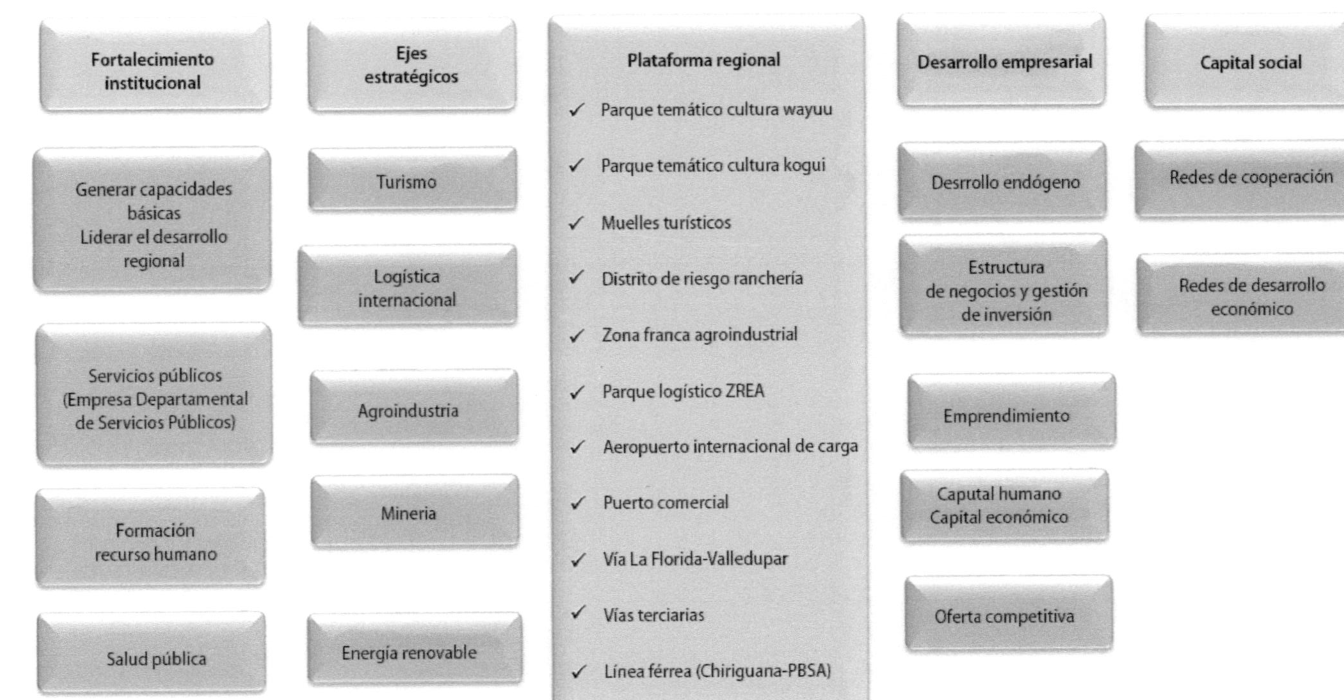

CAPÍTULO XII

ERA POSMINERÍA

La finalización del contrato de explotación del cerrejón a partir del año 2034, plantea un reto al departamento en el sentido de definir estrategias que le permitan sortear un nuevo escenario de desarrollo económico y social, sin contar con los recursos que ha venido recibiendo por concepto de regalías en los últimos cuarenta años.

Es esta la oportunidad para que el departamento pueda aprovechar la infraestructura existente en el corredor minero para desarrollar y consolidar un corredor logístico fronterizo.

Corredor logístico fronterizo: desarrollo y construcción de infraestructura complementaria que permita transformar el actual corredor minero en un corredor logístico fronterizo, con capacidad de transformar y consolidar la economía regional.

Justificación: la situación de orden económico y social que hoy enfrenta el departamento de La Guajira, minimizar el impacto en la economía departamental que generaría el cierre de la explotación minera, aprovechar la infraestructura existente en el territorio con el propósito de reorientar su economía y potenciar su desarrollo económico y social.

Propósito: habilitar a La Guajira de capacidades básicas para enfrentar el impacto de la etapa posminería en la economía departamental, haciendo más competitiva la oferta de productos colombianos en los mercados de las islas del Caribe, Centroamérica y Europa. Para avanzar en este propósito se hace necesario diseñar estrategias encaminadas a la transformación estructural de la economía guajira, tales como, la estructuración, la construcción y el desarrollo de una zona franca industrial (agroindustrial) y comercial; proyecto estratégico que sirva de eje para activar un corredor logístico en el actual corredor minero, como, también, articular la infraestructura de aeropuerto y puerto existentes en el corredor minero con la zona franca, convirtiendo esta infraestructura en el eje estratégico para el desarrollo del corredor logístico.

Oportunidades:

- Aprovechar la ventaja comparativa que ofrece la localización de La Guajira para el comercio con las islas del Caribe, Centroamérica y Europa.
- Generar capacidades básicas para impulsar la competitividad, formalizar y fortalecer la economía departamental.
- Desarrollar estrategias para formalizar la actividad comercial en el territorio del régimen especial aduanero.
- Ofertar una ruta estratégica a las empresas exportadoras del país para conectarse con las islas del Caribe, Centroamérica y Europa.
- Acondicionar el escenario de la frontera para atender la demanda de bienes y servicios en la era poscrisis de Venezuela.

Enfoque estratégico: para emprender este cambio estructural, se hace necesario construir una visión comprendida y compartida por los actores de interés que conforman la sociedad guajira (sector privado, sector público, sociedad civil organizada), como, también, articular los actores claves para socializar y promover la propuesta.

Sector privado:

- Empresa promotora de inversión regional
- Empresa Cerrejón.

Gremios y organizaciones:

- Cámara de Comercio de La Guajira.
- Asociación de Agricultores del Ranchería.
- Asociación de Comerciantes de Maicao.
- Empresas de servicios públicos.

Sector público del orden territorial:

- Gobierno departamental.
- Gobierno municipal (Maicao, Manaure, Uribia y Albania).
- Servicio Nacional de Aprendizaje (SENA).
- Universidad de La Guajira.

Gobierno nacional:

- Ministerio de Comercio, Industria y Turismo.
- Ministerio de Minas y Energía.
- Ministerio de Agricultura.
- Ministerio de Transporte.

Gestión de preinversión:

- Gestionar alianzas estratégicas que permitan a la empresa promotora generar capacidades básicas para liderar la propuesta.
- Desarrollar estudio de factibilidad para gestionar la constitución y el desarrollo de la zona franca agroindustrial.
- Formular plan estratégico para el desarrollo del corredor logístico, encaminado a fortalecer la competitividad de la oferta de productos nacionales en los mercados de las islas del Caribe, Centroamérica y Europa.

Desafío: habilitar un corredor logístico como eje estratégico para reorientar, desarrollar y consolidar la economía de La Guajira para enfrentar el escenario económico y social en la era posminería.

Impacto directo:

- Habilitar la frontera como sitio estratégico para internacionalizar la economía del país.
- Dinamizar y consolidar la economía departamental.
- Generar recursos propios al departamento y municipios del entorno.
- Contribuir con la generación de empleo.
- Contribuir con el desarrollo económico y social de la población guajira.
- Contribuir a erradicar la pobreza extrema, especialmente en la población wayuu que habita en forma dispersa en la media y Alta Guajira.

Impacto indirecto:

- Contribuir con el crecimiento económico y desarrollo social de la región Caribe.
- Contribuir con el desarrollo económico y social del país.

Vehículo empresarial: empresa promotora de inversión regional

- Inversión local (capital privado).
- Departamento y municipios (capital público).
- Inversión estratégica (empresas del orden nacional e internacional con capacidad de inversión, conocimiento y experiencia del negocio).

Ruta estratégica:

Corto plazo: construcción y desarrollo de un centro logístico en Maicao para almacenamiento, inspección y revisión de carga que ingrese al régimen especial aduanero.

Propósito: desarrollar estrategias que permitan inducir procesos de transformación en la cultura comercial y generar confianza en cuanto a la operación y estabilidad del régimen especial aduanero.

Hoja de ruta:

- Diseño y formulación de un centro logístico en Maicao.
- Definición del vehículo empresarial para su administración, operación y mantenimiento.
- Construcción de infraestructura.
- Reglamentar la operación del centro logístico.
- Formular el plan de consolidación y desarrollo del centro logístico.

Mediano plazo:

- Constitución y desarrollo de la zona franca agroindustrial.
- Habilitar el aeropuerto en el corredor minero para la importación y la exportación, especialmente de productos perecibles hacia las islas del Caribe y hacia Europa.
- Habilitar puerto en el corredor minero para hacer del corredor fronterizo una ruta estratégica para la importación y la exportación.

Largo plazo:

- Desarrollo e implementación del corredor logístico fronterizo.

- Articular infraestructura portuaria y complementaria existente en el corredor minero para la importación y la exportación de bienes y servicios.

Fuentes de recursos:

Recursos públicos

- Fondo para el Desarrollo de La Guajira (Fondeg).
- Recursos de regalías.

Recursos Privados

- Empresa promotora de inversión para La Guajira (gestión de inversión).
- Capital local.
- Alianzas estratégicas con capital privado nacional e internacional.

CAPÍTULO XIII

DESARROLLO ENDÓGENO SOSTENIBLE

Desarrollo: consiste en ir de un punto donde se está, a otro donde se quiere estar; definir el cómo, equivale a diseñar la organización y la cadena de valor que conduzca al resultado esperado, para lo cual se hace necesario estructurar políticas funcionales y estrategias innovadoras capaces de generar crisis positivas (¿cómo mejorar los resultados actuales?), planteándose los interrogantes: ¿cuál es la misión? ¿Quién es su público objetivo? ¿Qué está ofertando a su beneficiario directo? Y, ¿cómo lograr su objetivo?

Desarrollo endógeno: se hace de adentro hacia afuera, en el que se aprovechan las potencialidades y los recursos propios, se gestionan inversiones externas (públicas y privadas) y se diseñan políticas que combinen ambos esfuerzos, con el propósito de transformar el entorno y mejorar la competitividad. Está encaminado a gestionar un sistema con capacidad de generar sinergia entre el poseedor del activo estratégico y el inversor con conocimiento y experiencia (*know-how*) del negocio. La gestión territorial debe estar guiada por una visión comprendida y compartida por su público objetivo, soportado por planes estratégicos y proyectos (sostenibles) con viabilidad técnica, económica, social y ambiental.

Desarrollo de negocios: aprovechar los activos del territorio para diseñar y estructurar negocios estratégicos que posibiliten la gestión de inversión nacional e internacional y la conformación de alianzas estratégicas para generar ingresos accionarios que le posibiliten a los departamentos y municipios de la región incrementar sus presupuestos, con el fin de impulsar el desarrollo económico y social, contribuyendo, de esta manera, con mejorar el nivel de vida de sus habitantes.

MODELO DE DESARROLLO ENDÓGENO

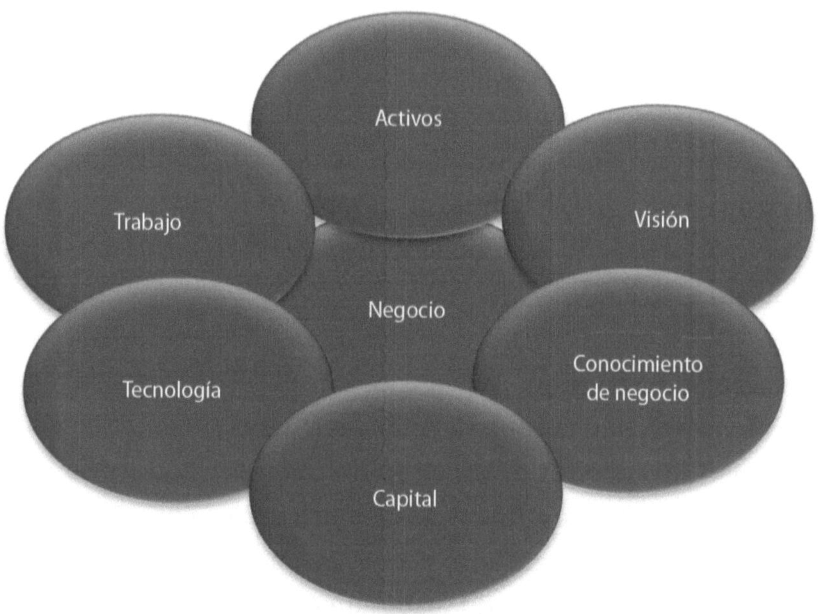

Desarrollo sostenible: desarrollo que es capaz de satisfacer las necesidades actuales sin comprometer los recursos ni las posibilidades de las futuras generaciones.

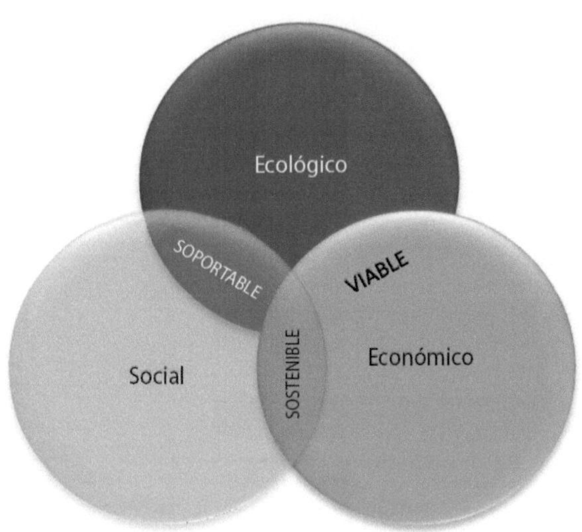

Recursos estratégicos: viento, sol, sal, territorio costero, sierra nevada, agricultura y ganadería, cultura wayuu y cultura kogui.

Modelo estratégico: tiene como propósito diseñar para el departamento una estrategia superior, encaminada a mejorar la competitividad para insertar el lugar al mercado internacional.

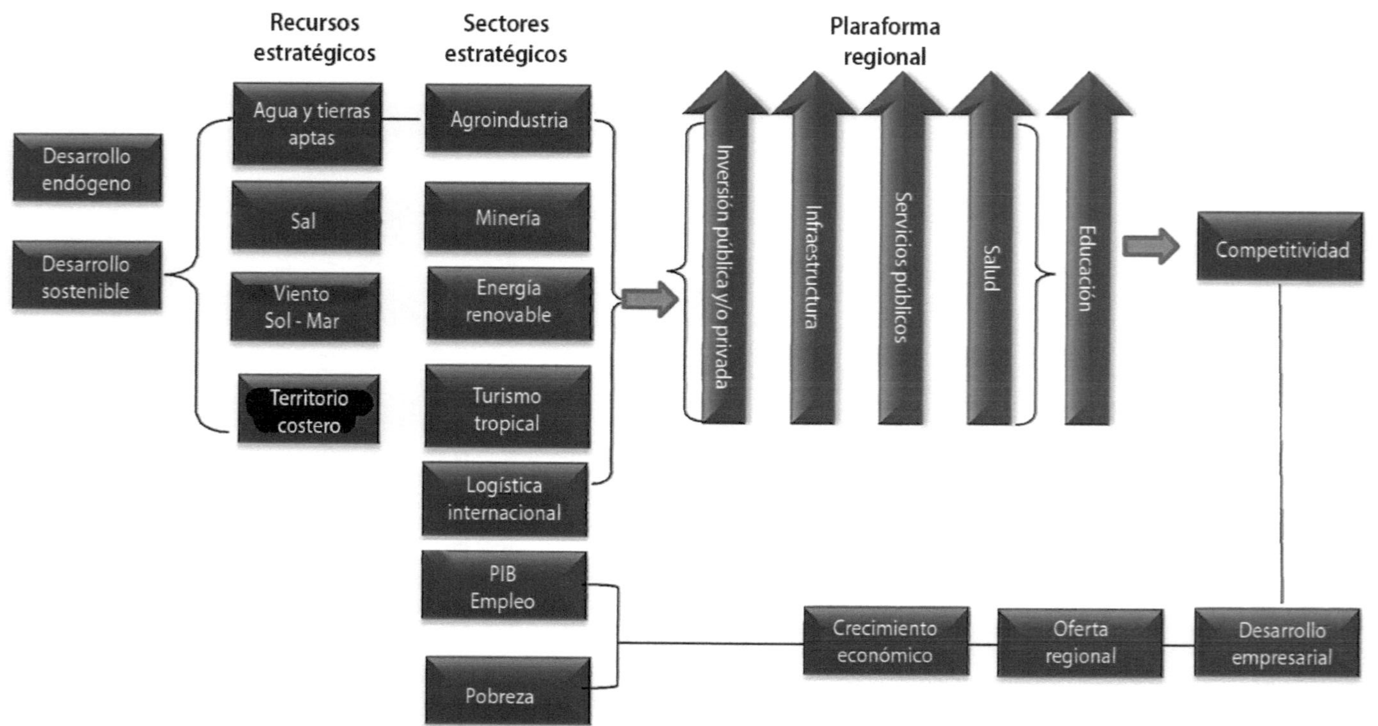
Recursos estratégicos
Sectores estratégicos
Plaraforma regional
Desarrollo endógeno
Desarrollo sostenible
Agua y tierras aptas
Sal
Viento Sol - Mar
Territorio costero
Agroindustria
Minería
Energía renovable
Turismo tropical
Logística internacional
PIB Empleo
Pobreza
Inversión pública y/o privada
Infraestructura
Servicios públicos
Salud
Educación
Competitividad
Crecimiento económico
Oferta regional
Desarrollo empresarial

ESTRATEGIA PARA INSERCIÓN EN EL MERCADO INTERNACIONAL

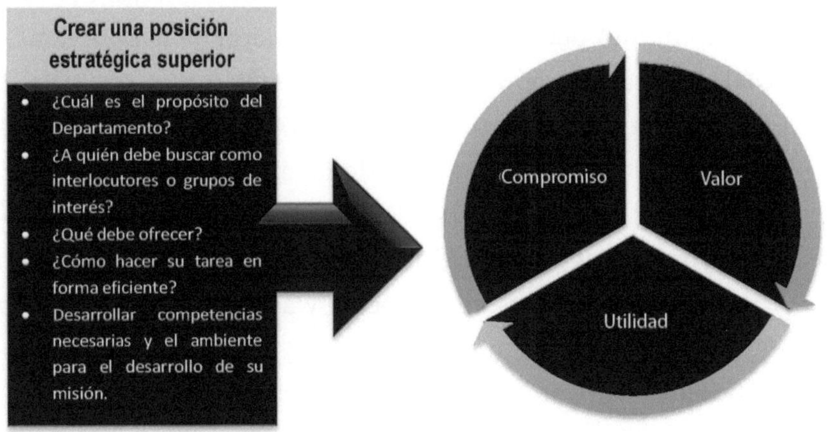

Propósito: preparar el departamento para su inserción en el mercado internacional. **Interlocutores:** gobierno nacional, instituciones públicas del orden nacional, departamental, municipal, inversionistas nacionales y extranjeros, sociedad civil organizada.

Mercado potencial: Caribe insular, Europa, Estados Unidos y Centroamérica.

Oferta regional: alimento, turismo, sal, energía y logística internacional.

Cómo alcanzar este propósito de forma eficiente: conformación de alianzas estratégicas que contribuyan a desarrollar capacidades y condiciones básicas para competir en el mercado internacional. Para lo cual, se hace necesario estructurar y gestionar negocios estratégicos competitivos con capacidad de generar impacto económico y social reflejado desde el punto de vista de

- **Valor:** generado por las inversiones estratégicas, cuyo dinero impulsa el desarrollo económico, el incremento del PIB, el incremento del empleo y la disminución de la pobreza.
- **Utilidad:** generación de empleo, beneficio que recibiría el departamento y los municipios por los ingresos de dividendos que generen los negocios de las inversiones realizadas, capacidad de inversión social, disminución de la pobreza.
- **Compromiso con la región:** motivación que se genera en los ciudadanos, empleados, socios y actores indirectos para que crean en la propuesta de valor y utilidad, comprometiéndolos a apoyar la estrategia innovadora.

ROLES DEL DEPARTAMENTO

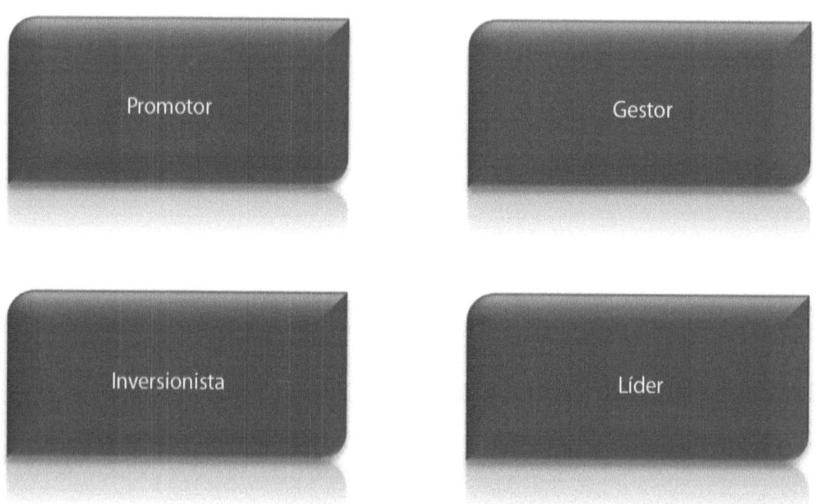

DEPARTAMENTO PROMOTOR:

- Estructura y promueve proyectos de inversión pública y privada y planes de negocio de impacto económico con responsabilidad social.

- Promueve alianzas estratégicas con empresas nacionales y extranjeras con el propósito de desarrollar proyectos de inversión que impacten en la economía departamental.
- Promueve la investigación, el desarrollo y la transferencia tecnológica que apunten a incrementar la productividad y competitividad del departamento.

DEPARTAMENTO GESTOR:

- Formula y gerencia proyectos de infraestructura para la competitividad.
- Estructura y desarrolla negocios estratégicos de conveniencia regional.
- Realza alianzas estratégicas con empresas nacionales y extranjeras.
- Gestiona subsidios y recursos nacionales e internacionales.
- Gestiona inversión pública y privada del orden nacional e internacional.

DEPARTAMENTO INVERSOR:

- Realiza inversiones encaminadas a lograr crecimiento económico y disminuir la pobreza.
- Invierte y brinda acompañamiento a las entidades públicas del orden departamental y municipal para el desarrollo de proyectos de impacto económico y social.
- Realiza inversiones encaminadas a mejorar la subsistencia y a aumentar la equidad en su área de influencia.

DEPARTAMENTO LÍDER:

- Diseña e implementa estrategias encaminadas a generar condiciones de competitividad y desarrollo sostenible.
- Desarrolla conocimiento y habilidades que le permitan aprovechar los recursos estratégicos del territorio.
- Desarrolla e implementa un ambiente organizacional que posibilite la competitividad.

Estrategia: consiste en ir de un punto a otro donde se quiere estar y definir el cómo, lo cual conlleva a diseñar la cadena de valor de las actividades de la organización, desde el propósito hasta el resultado esperado. Al definir el cómo, la organización tiene que estructurar políticas funcionales y estrategias innovadoras capaces de generar crisis positivas (¿cómo mejorar los resultados actuales?), planteándose las interrogantes: ¿cuál es la misión? ¿Quién es su público objetivo? ¿Qué está ofertando a su beneficiario directo? Y, ¿cómo lograr su objetivo?

CADENA DE VALOR

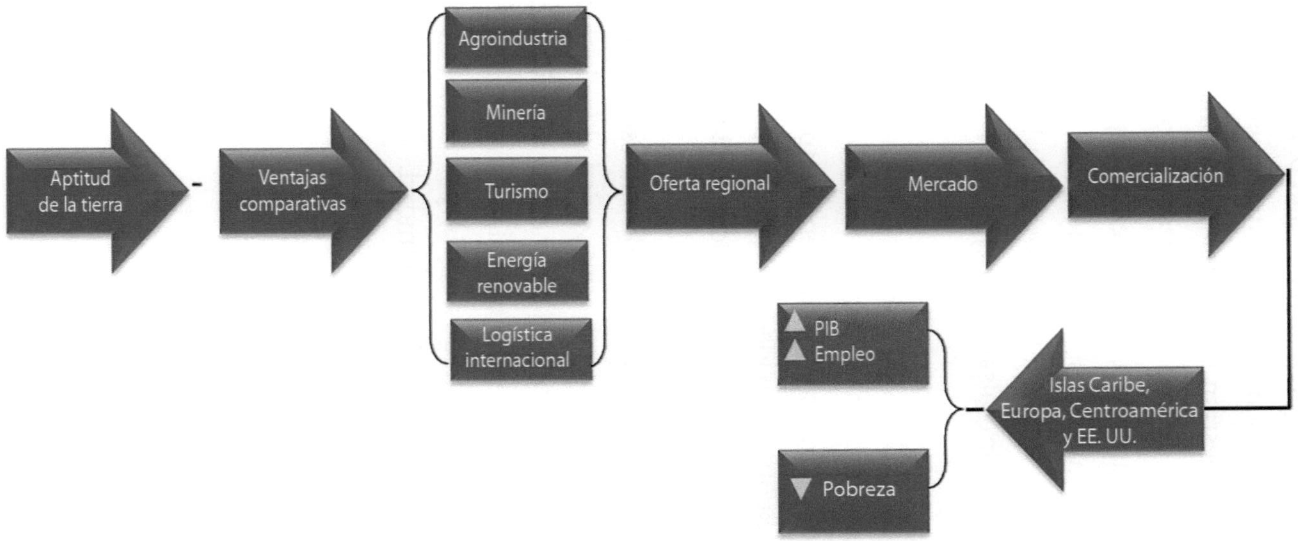

Aptitud de la tierra

Ventajas comparativas

Agroindustria

Minería

Turismo

Energía renovable

Logística internacional

Oferta regional

Mercado

Comercialización

Islas Caribe, Europa, Centroamérica y EE. UU.

▲ PIB

▲ Empleo

▼ Pobreza

Desarrollo de negocios: capacidad para aprovechar los activos del territorio, diseñar y estructurar negocios estratégicos que posibiliten la gestión de inversión nacional e internacional y la conformación de alianzas estratégicas que puedan generar ingresos accionarios que posibiliten al departamento y a los municipios incrementar su presupuesto y a la sociedad civil guajira alternativas de emprendimientos y empleos, escenario, este, que contribuiría a impulsar un mejor nivel de vida de la sociedad guajira.

Objetivo: perfilar al departamento como una institución con capacidades básicas para que, en cumplimiento con la política pública de competitividad y productividad, lidere el proceso de transformación económica y social del territorio guajiro.

Ambiente organizacional: el diseño está orientado al desarrollo y a la consolidación de una sociedad incluyente, emprendedora y solidaria, soportada en una organización descentralizada, autónoma, con una estructura plana y matricial, que conduzca a la obtención de resultados que impacten en la economía regional y en el bienestar de la comunidad.

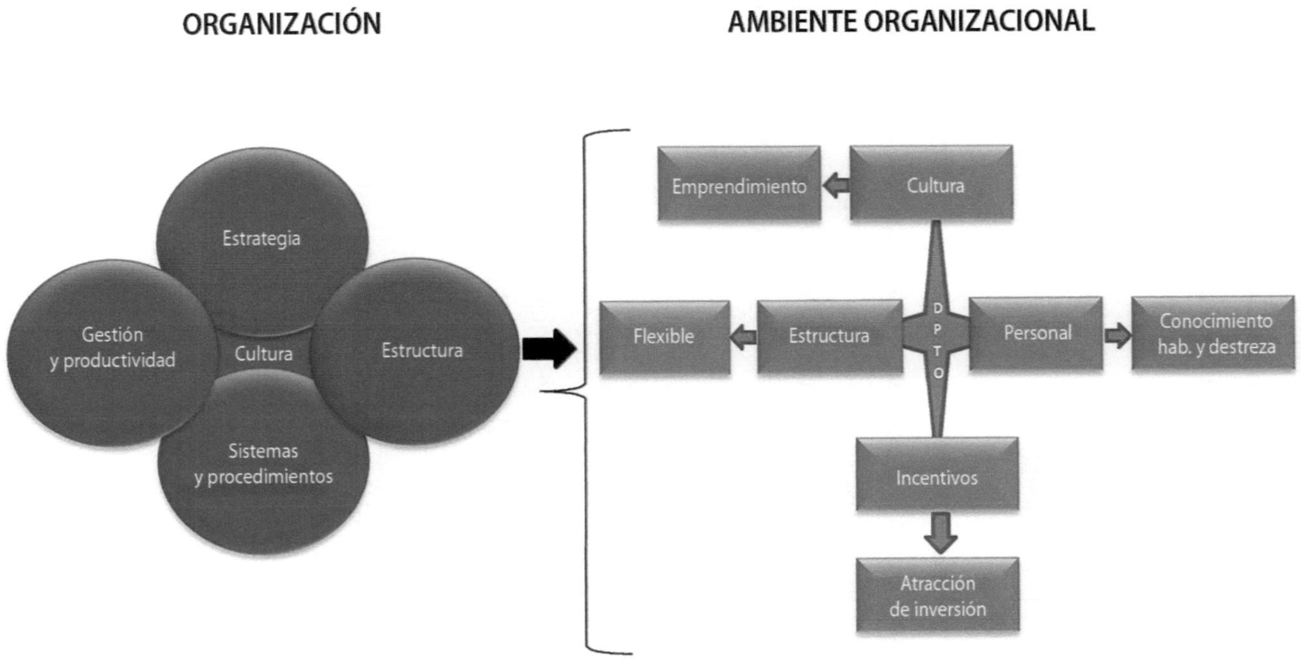

ORGANIZACIÓN

AMBIENTE ORGANIZACIONAL

Estrategia
Gestión
y productividad
Cultura
Estructura
Sistemas
y procedimientos

Emprendimiento
Cultura
Flexible
Estructura
DPTO
Personal
Conocimiento
hab. y destreza
Incentivos
Atracción
de inversión

Estructura: como cuerpo social es la base de la organización. Debe ser flexible, acorde con la misión y se debe diseñar tomando como punto de partida el concepto y los niveles de organización.

SISTEMAS Y PROCEDIMIENTOS:

- Sistema: determina la naturaleza y el objetivo que define la cultura y los valores de una organización.
- Procedimientos: enfoque eficaz. Debe estar orientado hacia el mejoramiento continuo PHVA (planear, hacer, verificar y actuar), con el propósito de lograr la productividad tanto del conocimiento, como de las habilidades y destrezas, con el fin de lograr resultados competitivos.

Los procedimientos tienen como finalidad la implementación de políticas, normas y directrices encaminadas a lograr el propósito institucional, mediante el desarrollo de una tarea orientada por una visión de largo plazo.

Cultura: la cultura organizacional debe estar caracterizada por el liderazgo y el compromiso con el propósito. El liderazgo puede entenderse como la manera de lograr el compromiso de todos los actores, con el fin de alcanzar la mayor productividad y los resultados esperados.

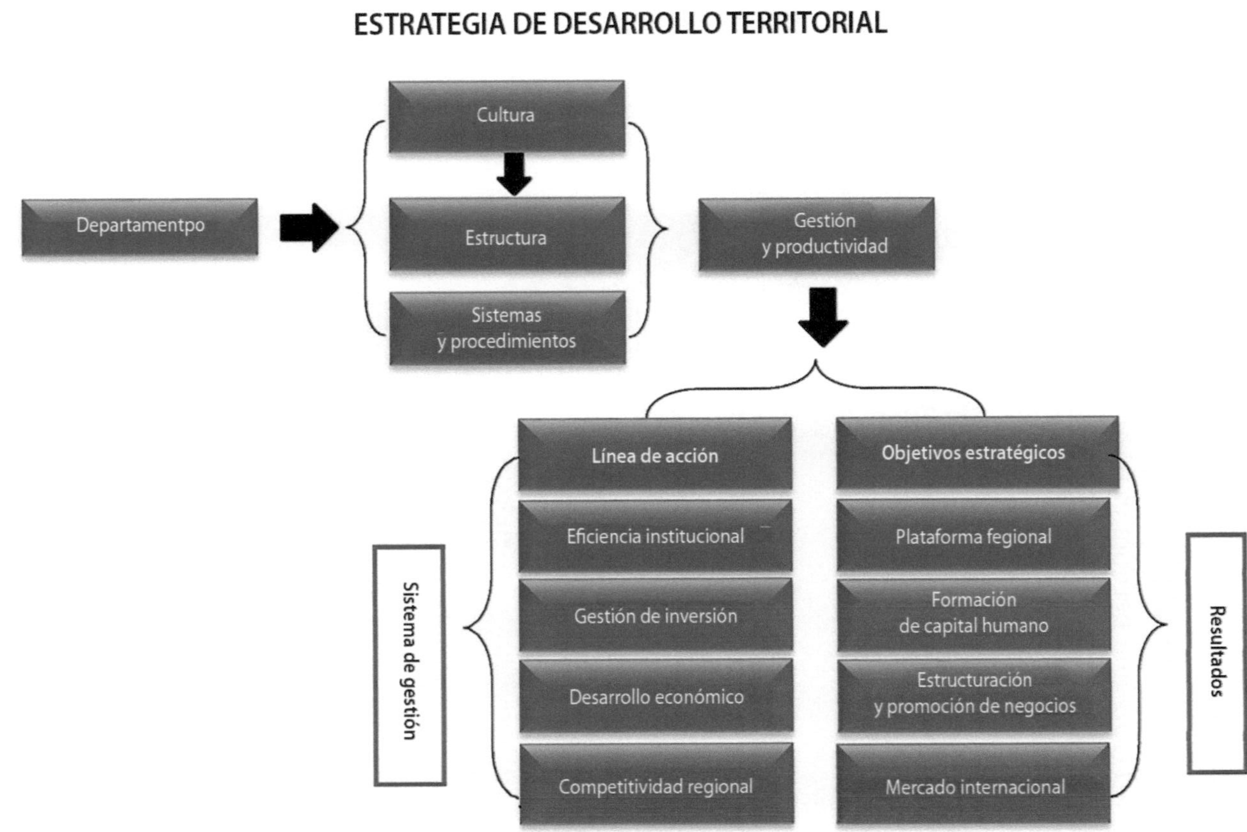
ESTRATEGIA DE DESARROLLO TERRITORIAL
Departamentpo
Cultura
Estructura
Sistemas y procedimientos
Gestión y productividad
Línea de acción
Eficiencia institucional
Gestión de inversión
Desarrollo económico
Competitividad regional
Sistema de gestión
Objetivos estratégicos
Plataforma fegional
Formación de capital humano
Estructuración y promoción de negocios
Mercado internacional
Resultados

Organización: para la implementación del nuevo sistema se hace necesario el diseño de un nuevo modelo de organización, la formulación de un plan estratégico de desarrollo y de un plan de *marketing* que permita el posicionamiento del territorio desde el punto de vista nacional e internacional.

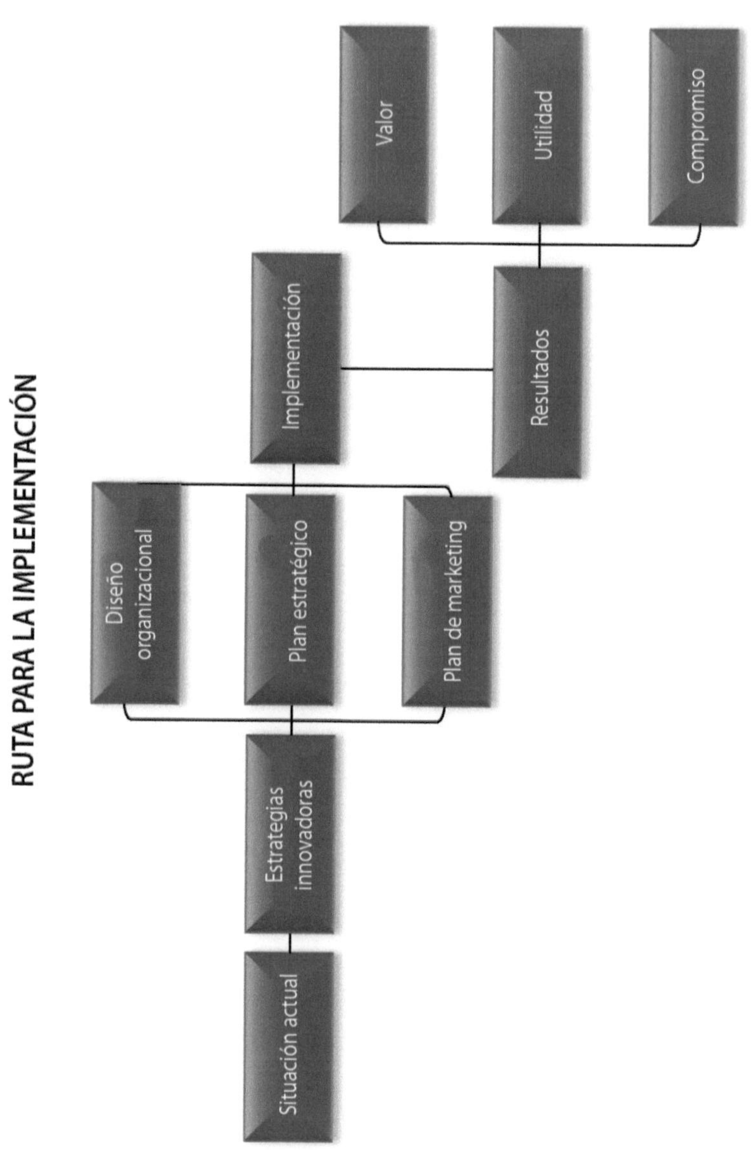

Plataforma regional: el país necesita carreteras, vías férreas, puertos, aeropuertos y arterias fluviales navegables que comuniquen el interior con las ciudades costeras, centros de producción y logística estratégica, para ser más competitivo en el mercado internacional. Por tanto, los territorios requieren fortalecer su capacidad de transformación (centros de producción), servicios logísticos, desarrollar estrategias y capacidades básicas para poder insertarse en el mercado internacional y, de esta manera, contribuir y fortalecer la competitividad del país.

Proyectos estratégicos territorial: los proyectos de infraestructura relacionados se hacen indispensables para conectar el país con la costa Caribe a través de La Guajira, para aprovechar e integrar la infraestructura existente y proyectada en su territorio, con el interior del país; contribuyendo para que, de esta manera, se pueda contar con un sistema de transporte multimodal y generar una mayor competitividad de los productos colombianos en las islas del Caribe, Centroamérica y Europa.

ANILLO CIRCUNVALAR GUAJIRA

Fuente. Agencia Nacional de Infraestructura.

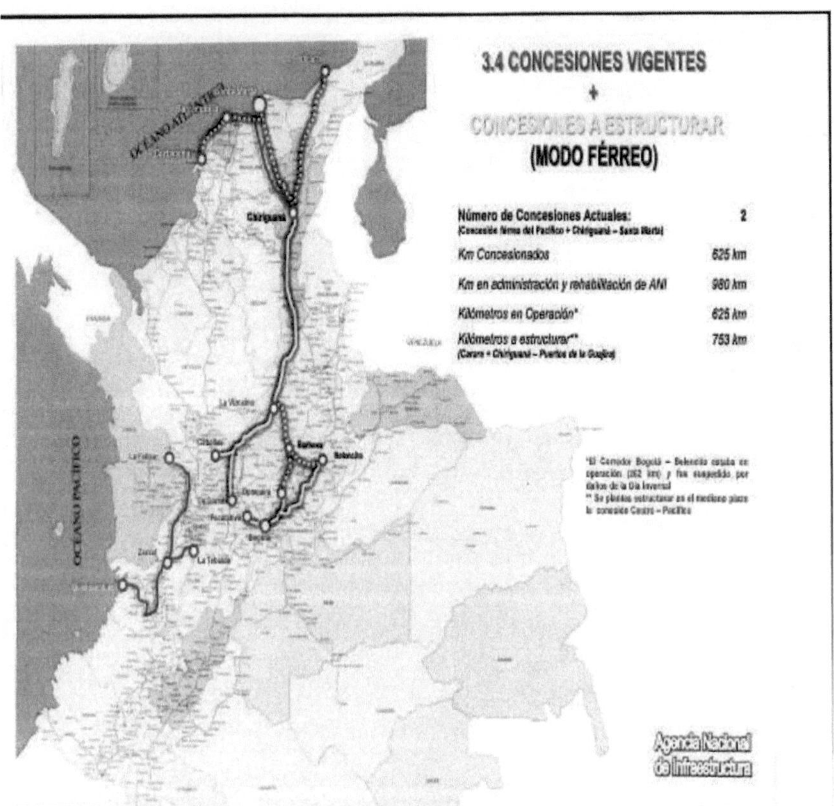

Fuente. Agencia Nacional de Infraestructura.

Fuente. Cormagdalena y The Nature Conservancy.

TRANSVERSAL DEL MAGDALENA

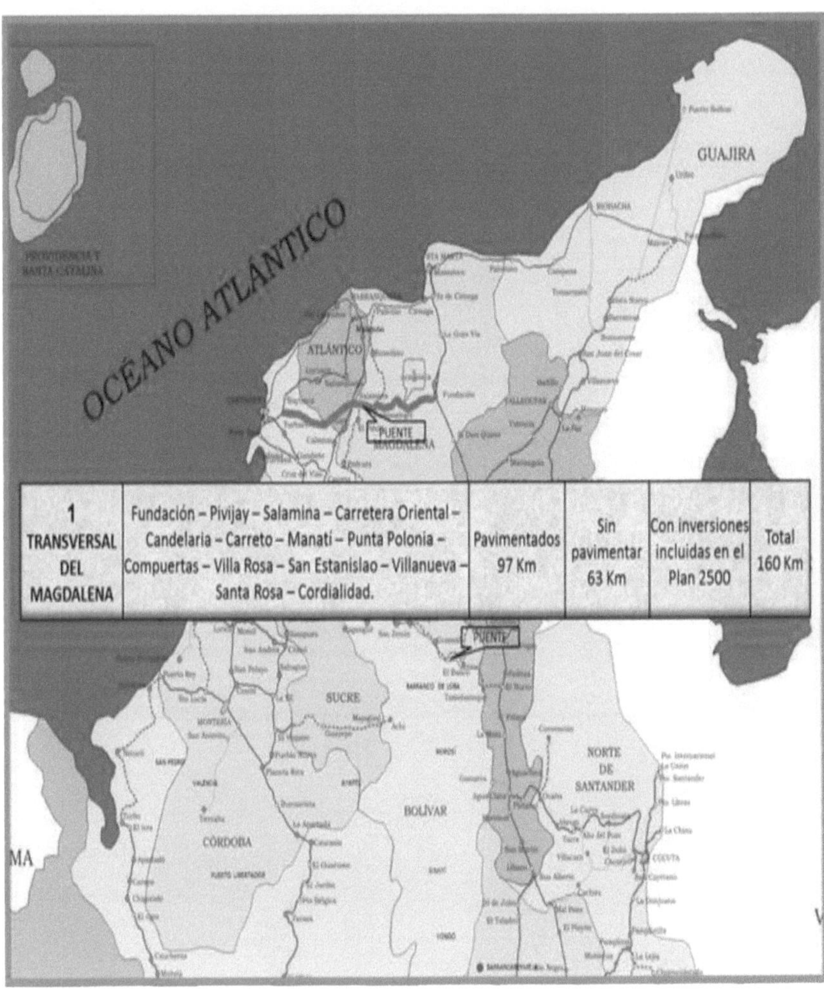

1 TRANSVERSAL DEL MAGDALENA	Fundación – Pivijay – Salamina – Carretera Oriental – Candelaria – Carreto – Manatí – Punta Polonia – Compuertas – Villa Rosa – San Estanislao – Villanueva – Santa Rosa – Cordialidad.	Pavimentados 97 Km	Sin pavimentar 63 Km	Con inversiones incluidas en el Plan 2500	Total 160 Km

Fuente. Agencia Nacional de Infraestructura.

TRANSVERSAL DE LOS CONTENEDORES

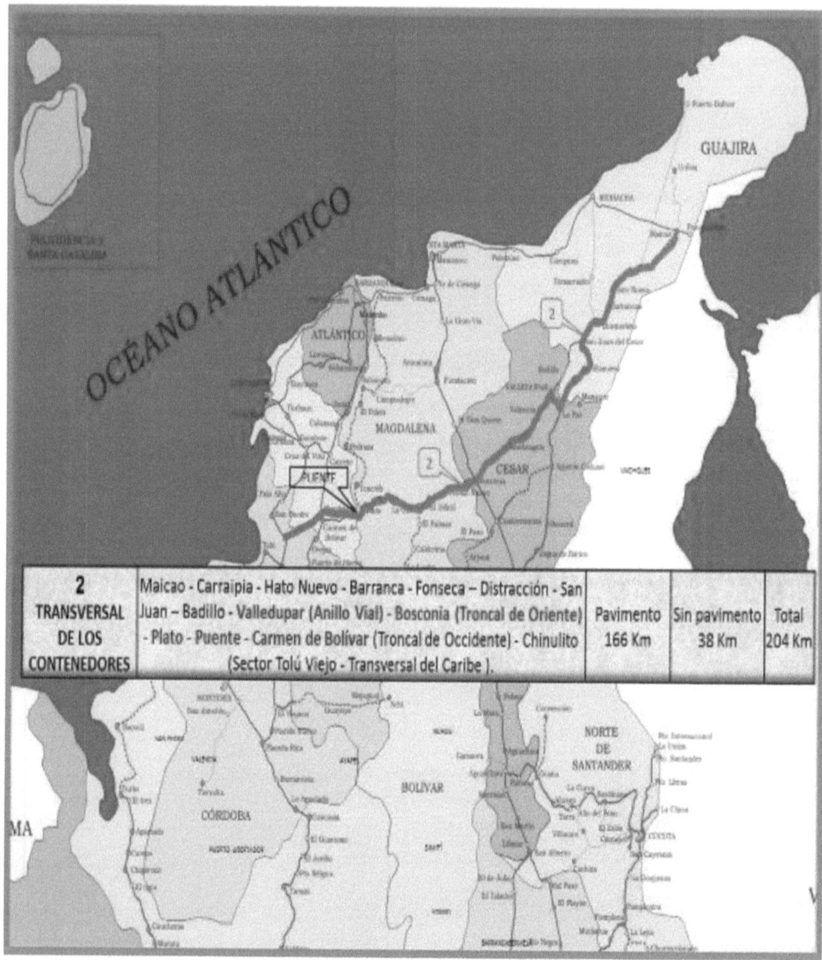

2 TRANSVERSAL DE LOS CONTENEDORES	Maicao - Carraipia - Hato Nuevo - Barranca - Fonseca – Distracción - San Juan – Badillo - Valledupar (Anillo Vial) - Bosconia (Troncal de Oriente) - Plato - Puente - Carmen de Bolívar (Troncal de Occidente) - Chinulito (Sector Tolú Viejo - Transversal del Caribe).	Pavimento 166 Km	Sin pavimento 38 Km	Total 204 Km

Fuente. Agencia Nacional de Infraestructura.

CONCESIONES MODO CARRETERO

Fuente. Agencia Nacional de Infraestructura.

CAPÍTULO XIV
REGIÓN CARIBE

EMPRENDEDORA-SOSTENIBLE-INCLUYENTE Y SOLIDARIA

Regionalización (ley 1962 de 2019. Artículo 2): el Estado colombiano desarrollará sus funciones utilizando la figura de las regiones para planificar, organizar y ejecutar sus actividades en el proceso de construcción colectiva del país, promoviendo la igualdad y el cierre de brecha entre los territorios. El ordenamiento territorial promoverá el establecimiento de regiones de planeación y gestión, Regiones Administrativas y de Planeación (RAP) y de Regiones como Entidad Territorial (RET) como marco de relaciones geográficas, económicas, culturales y funcionales, a partir de ecosistemas bióticos y biofísicos, de identidades culturales locales, de equipamientos e infraestructuras económicas y productivas y de relaciones entre la forma de vida rural y urbana, en el que se desarrolla la sociedad colombiana. Teniendo en cuenta estas consideraciones, la creación y el desarrollo de Regiones Administrativas y de Planificación (RAP) y Regiones como Entidad Territorial (RET), se enmarcan en una visión del desarrollo hacia la descentralización y la autonomía territorial, con el fin de fortalecer el desarrollo nacional.

En tal sentido, en la planificación del desarrollo de los departamentos que constituyen la región Caribe, es importante destacar que hay etapas necesarias, como lo son

El análisis de lo local: a través de experiencias exitosas de las ciudades que son modelo de desarrollo económico como es el caso de Barranquilla. Es importante evocar en este análisis, a nivel de ejemplo, los factores que fueron determinantes para el progreso de Barranquilla, tales como su ubicación geográfica, el río Magdalena y la infraestructura (el puerto marítimo, el ferrocarril de Barranquilla-Puerto Colombia); plataformas locales que conllevan al desarrollo del comercio internacional y a las corrientes migratorias que jugaron un rol de precursores en la formación de empresarios nacionales.

El análisis a nivel departamental: en cuanto a lo cultural, ambiental, económico y social de los departamentos y su entorno regional, debe permitir identificar diferencias y similitudes para entender cómo pueden operar las sinergias que permitan trabajar como región.

El análisis comparativo de los departamentos de la región, nos indica que la región Caribe no podrá construirse de manera integral, con leyes que posibiliten la conformación de región, olvidando realidades de los departamentos y la configuración de subregiones; estrategias, estas, fundamentales para el fortalecimiento de la integración regional.

Enfoque estratégico: la región Caribe debe fundamentarse en una solidaridad de proyectos concretos que busque fortalecer las semejanzas, para luego construir sinergias con las subregiones, como también entre departamentos económicamente diferentes, teniendo como propósito fortalecer la unidad territorial.

Subregión: como organización territorial debe estar encaminada a fortalecer semejanzas a través de la sinergia entre departamentos vecinos con necesidades e intereses comunes, recursos naturales y cultura compartida, que le ofrezcan la oportunidad de desarrollar estrategias integradoras, encaminadas a impulsar el desarrollo económico y social de su entorno, como también articular esfuerzos para impulsar el desarrollo económico y social de la región.

Departamentos: unidad territorial, a partir de la cual se promueve y desarrolla sinergia para apalancar la configuración y el desarrollo de la subregión entre departamentos vecinos y afines, como también acuerdos y convenios con departamentos económicamente diferentes.

En las dos últimas décadas, la región ha invertido en infraestructura de puertos, aeropuertos y formación de talento humano, como también en condiciones para generar confianza en la inversión privada, especialmente, en Barranquilla y en Cartagena, pero se hace necesario trabajar para reducir la desigualdad al interior de la región en cuanto a su desarrollo económico y social.

Es importante destacar que el Caribe colombiano no es una región homogénea, ya que tiene áreas muy bien definidas, por una parte, podemos destacar ciudades con mayor grado de desarrollo como Barranquilla y Cartagena, en comparación con las demás ciudades del Caribe colombiano: Montería, Sincelejo, Santa Marta, Valledupar, Riohacha, con limitaciones muy significativas desde el punto de vista económico y social.

Barranquilla y Cartagena han avanzado como destinos de inversión, especialmente, en sectores como el industrial, el logístico y el turístico. Mientras que los demás, con alguna diferencia, tienen un atraso notorio en servicios públicos y poco desarrollo empresarial; el reto consiste, entonces, en buscar un desarrollo equilibrado en la región.

En cuanto a la infraestructura, encontramos que los puertos están en un buen nivel, pero se hace necesario avanzar en el desarrollo y en la puesta en marcha de puertos de aguas profundas para facilitar el ingreso de buques de tercera generación (Post-Panamax), los cuales pueden convertirse en un gran eje logístico para Sudamérica.

Es importante destacar que Puerto Brisa, localizado en el municipio de Dibulla, departamento de La Guajira, cuenta con 60 pies de profundidad, calado que permite el ingreso de buques Post-Panamax, con capacidad de hasta 170 000 t. Iguales posibilidades presenta Puerto Bolívar, de uso exclusivo del Cerrejón, ubicado en el municipio de Uribia, departamento de La Guajira.

En cuanto al mercado internacional, hay muchas y variadas posibilidades en el sector agroindustrial; por lo tanto, es conveniente que la región se vaya orientando hacia un modelo de especialización en agroindustria. Existen ejemplos en países como Perú, México y Chile que, con sus tratados comerciales, para conseguir economías de escala, estructuraron un modelo empresarial incluyente, el cual le permitió a las grandes empresas integrar a pequeños productores (cadenas productivas), garantizando mercado, capital de trabajo, tecnología y logística, para lo cual desarrollaron cadenas de frío, procesos modernos de manejo, almacenamiento y logística para exportar, con el propósito de generar una oferta competitiva. Una experiencia en Colombia interesante de analizar; en este sentido, podría ser el sector agroindustrial de la Palma.

En la región, se identifican territorios con características muy particulares, tales como la península de La Guajira, Sierra Nevada (de Santa Marta), valles del alto Cesar y del Ranchería, delta del río Magdalena, Montes de María, Sabana de Córdoba, Sucre y Bolívar, valles aluviales de los ríos Sinú y alto San Jorge, depresión Momposina, región de La Mojana, golfo de Urabá, aguas territoriales del mar Caribe y territorios insulares (archipiélagos de San Andrés, Providencia y Santa Catalina).

Las condiciones descritas configuran cuatro zonas con características muy específicas desde el punto de vista cultural, económico, social y ambiental, influenciada cada una de ellas por ejes estratégicos, con potencialidades para soportar la sostenibilidad de su entorno; tales como la Sierra Nevada y el mar Caribe, en el territorio nororiental, el río Magdalena y el mar Caribe, en el territorio centro y sur, el río y la Sabana del Sinú, en el territorio noroccidental y los territorios insulares, (archipiélagos de San Andrés, Providencia y Santa Catalina).

Este escenario se convierte en factor estratégico determinante para el ordenamiento territorial y punto focal para la definición de una visión de región, la cual debe ser comprendida y compartida por su público objetivo, el sector público (municipios, departamentos, gobierno nacional), el sector privado y la sociedad civil organizada; encaminada dicha visión a lograr una mejor integración, planificación y desarrollo equitativo de los departamentos de la costa Caribe.

De acuerdo con el análisis planteado, el desarrollo integral de la región Caribe, Región Administrativa y de Planificación (RAP Caribe), podría estar sustentada en cuatro subregiones, de tal manera que puedan sumarse potencialidades de departamentos afines y planificar la inversión en términos de generar sinergia entre departamentos vecinos con necesidades e intereses comunes, teniendo como propósitos fortalecer la unidad y el desarrollo equilibrado de la región.

Subregión Sierra Nevada: zona nororiental, conformada por los departamentos de Magdalena, Cesar y La Guajira.

Subregión centro Caribe: conformada por los departamentos de Atlántico y Bolívar.

Subregión Sabana del Sinú: zona noroccidental, conformada por los departamentos de Sucre y Córdoba.

Subregión insular: territorios insulares, conformada por San Andrés, Providencia y Santa Catalina.

Subregión Sierra Nevada: territorio enmarcado por la Sierra Nevada y el mar Caribe, recursos, estos, considerados como ejes estratégicos para la sostenibilidad y el desarrollo de los territorios que conforman esta subregión. En lo relacionado con la superficie, los tres departamentos tienen una repartición de territorio muy semejante, La Guajira (16 %), Cesar (17 %) y Magdalena (18 %), a nivel demográfico también hay una distribución equilibrada de la población asentada en el territorio, La Guajira (8 %), Cesar (9 %) y Magdalena (11,5 %). En este territorio, este asentado, el 28 % de los habitantes de la región Caribe. Es importante destacar que el asentamiento de pueblos indígenas representa el 30 % de la población de este territorio.

MIGUEL MURGAS NÚÑEZ

Ingeniero Industrial (Universidad INCCA de Colombia)
Diplomado en Alta Gerencia, (Universidad de los Andes)
Sistema de Gestión de Calidad (Corporación Calidad – (Servicio Nacional de Aprendizaje – SENA).
Conocimiento y experiencia en planeación y gerencia estratégica, formulación de proyectos, estructuración de negocios y diseño organizacional.
Experiencia directiva en los sectores educativo, eléctrico y portuario:

- Vicedecano de la Facultad de Administración de Empresas de la Universidad Autónoma del Caribe.
- Catedrático Universidad Autónoma del Caribe – Barranquilla.
- Catedrático, Universidad de La Guajira – Riohacha.
- Subdirector de la Corporación Eléctrica de la Costa (Corelca).
- Gerente general de la empresa Consultores del Caribe.
- Miembro de las juntas directivas de las Electrificadoras de la Costa.
- Ingeniero y jefe de muelles del Terminal Marítimo de Santa Marta (Puertos de Colombia).
- Gerente de la Electrificadora de La Guajira (Electri-Guajira).
- Director del SENA regional de La Guajira.
- Catedrático de la Universidad de La Guajira.
- Presidente de la junta directiva de la Cámara de Comercio de La Guajira.
- Miembro del consejo directivo de la Caja de Compensación Familiar de La Guajira.
- Presidente del Comité Asesor Regional de Comercio Exterior de La Guajira (Carce – Guajira).
- Promotor de la Asociación Colombiana de Pequeñas y Medianas Industrias de La Guajira (Acopi).

Fundador de las empresas:

- Consultores del Caribe S. A. S.
- Electronorte LTDA.
- Promotora de Turismo LTDA. (Promotur / Guajira Viva).

Candidato a la gobernación de La Guajira para el periodo 2008-2011.

BIBLIOGRAFÍA

Aguilera Díaz, María. (2016). *Economía regional del Centro de Estudios Económicos Regionales* (CEER). Cartagena. Colombia.

C. Markides, Constantino. (2002). *En la estrategia está el éxito*. Editorial Norma.

Constitución Política de Colombia [Const]. 7 de julio de 1991 (Colombia).

Corpoguajira. (1999). *Proyecto prolagunas, protección y recuperación de humedales costeros del Caribe colombiano*. Colombia: Corporación Autónoma de La Guajira.

De Soto, Hernando. (2001). *El misterio del capital. Por qué el capitalismo triunfa en Occidente y fracasa en el resto del mundo*. Colombia: Editorial Planeta.

Decreto 2164 de 1995. 07 de diciembre de 1995. Artículo 2. Diario Oficial N° 42140.

Departamento Administrativo Nacional de Estadística (DANE). *Censo año 2005*. Colombia.

Drucker, Peter. (1994). *La gerencia efectiva*. Buenos Aires: Editorial Suramericana.

Drucker, Peter. (2004). *La sociedad poscapitalista*. Buenos Aires: Editorial Norma.

Ezpeleta Ariza, Benjamín. (2000). *La verdadera historia de Riohacha*. Colombia: Aarón Impresores.

Giddens, Anthony. (2000). *La tercera vía y sus críticos*. Madrid: Editorial Taurus.

González, Freddy. (2005). *Cultura y sociedad criolla de La Guajira*. Colombia: Gobernación de La Guajira.

Ley 160 de 1994. 5 de agosto de 1994. Diario Oficial N° 41.479.

Ley 19 de 1964. 16 de noviembre de 1964. Diario Oficial N° 31514.

Ley 21 de 1991. 6 de agosto de1991. Diario Oficial N° 39720.

Mariño Navarrete, Hernando. (1993). *Gerencia de calidad*. Bogotá: Tercer Mundo Editores.

Maxwell, John C. (1993). *Desarrolle los líderes que están alrededor de usted. Cómo ayudar a otros a alcanzar su potencial pleno*. Grupo Nelson.

Plan de gestión ambiental regional. (1999). Corporación Autónoma de La Guajira.

Plan de gestión regional. (1999). Corporación Autónoma de La Guajira.

Sallenave, Jean-Paul. (1994). *La gerencia integral: no le temas a la competencia*. Editorial Norma.

Thomas, P. y Waterman, R. (1984). *En busca de la excelencia*. Buenos Aires: Editorial Norma.

Warren, B. y Burt, N. (1985). *Las cuatro claves del liderazgo eficaz*.

www.ingramcontent.com/pod-product-compliance
Ingram Content Group UK Ltd.
Pitfield, Milton Keynes, MK11 3LW, UK
UKHW041830200726
13854UKWH00002BA/911